ŒUVRES

DE

G. AUGUSTE HOCK

TOME IV

AUGUSTE HOCK

ŒUVRES COMPLÈTES

TOME IV

LA FAMILLE MATHOT

Mœurs bourgeoises du pays de Liége

LIÉGE

IMPRIMERIE DE H. VAILLANT-CARMANNE

1874

A la mémoire de Max. Veydt,

MEMBRE DE LA DÉPUTATION PROVINCIALE DU BRABANT, PROFESSEUR
A L'UNIVERSITÉ LIBRE DE BRUXELLES,

Enlevé prématurément à son pays,
aux lettres nationales
et à ses nombreux amis,
le 3 janvier 1873.

Il m'avait dit : « Frère, il faut écrire ! »

Auguste HOCK.

AVANT-PROPOS.

C'est en parcourant de vieux livres de famille, écrits jour par jour; c'est à l'aide de notes et de lettres rassemblées depuis longtemps; enfin, c'est en évoquant nos propres souvenirs et surtout ceux de personnes de l'autre siècle, que nous avons pu nous mettre en mesure de tracer une faible esquisse de la vie bourgeoise et de certains usages autrefois en vigueur au pays de Liége.

Les mœurs ne sont plus les mêmes et de grands changements sont survenus dans les fortunes. Les *airs de grand seigneur* ont remplacé la bonhomie et la simplicité dans bien des familles. Mal nous en prendrait, si nos personnages étaient tout à fait reconnaissables. Nous leur donnerons des noms et jusqu'à un domicile d'emprunt.

Il nous reste à remercier bien vivement les complaisants auxiliaires qui ont mis un véritable empressement à nous aider dans nos recherches.

CHAPITRE PREMIER.

1768.

Un baptême à la ferme Mathot, à Bierset. — Lettres de l'abbé Rigo. — Fables, etc.

Dans le but de fortifier ma constitution, mes parents avaient l'habitude de m'envoyer, tous les étés, passer quelques mois dans une grande ferme, à deux lieues de Liége.

Un jour — il est loin ce jour-là, car j'étais enfant et je me fais vieux, — un jour donc, j'avais tant pleuré pour obtenir du papier à découper des cerfs-volants, que la *mesquène* (1), c'est-à-dire la première servante, me donna, pour m'apaiser, un vieux registre qui ne servait plus depuis bien longtemps. J'en découpai quelques pages, puis j'allai cacher dans le fond de mon *bodet* le vieux cahier, qui devait servir plus d'une fois encore à mes jeux.

(1) Sans doute de l'allemand *Mädchen*; les Italiens disent *meschina* dans le même sens.

Le lendemain, mon père vint me reprendre et j'oubliai le bouquin que j'avais condamné à s'élever dans les airs sous la forme d'un *dragon* (1).

Je viens de le retrouver, ce vieux registre de la *cense* (2) ; mais il est malpropre et tout moisi ; je n'ose plus le rendre aux descendants du fermier.

Pour obtenir mon pardon, je vais le livrer à la publicité, en commençant par les brouillons de lettres.

Ces quelques pages vous offriront-elles de l'intérêt, chers lecteurs ? Je n'en sais trop rien ; je vous les offre pour tranquilliser ma conscience ; vous approuverez du moins le sentiment qui m'inspire.

Je n'en ai pas moins peur de vous ennuyer ; comme d'un autre côté on ne peut pas tout dire, permettez-moi de glaner au hasard et de m'attacher le plus possible à une seule branche de la famille Mathot, et spécialement à leurs baptêmes et à leurs mariages.

EN TÊTE DU JOURNAL.

« Ce registre appartient à Laurent Mathot, de Bierset, pour inscrire l'entrée des domestiques et

(1) Cerf-volant.
(2) Ferme.

toute autre chose ayant rapport à sa famille, à sa ferme et autre chose dont il pourrait avoir besoin.

» Ce dixième jour du mois d'avril 1711. »

PREMIER EXTRAIT DE BAPTÊME.

Page 5. — Le 28 novembre 1768, est venu au momde Nicolas-Louis Mathot. Il a eu pour parrain, Nicolas Rigo, prête et *compteû* à St-Martin en Liége, et sa mère, Mademoiselle Rigo, pour marraine.

PREMIÈRE LETTRE.

A Monsieur DELCHEF, vicaire à St-Nicolas-aux-Mouches, en Liége.

Bierset, le 30 novembre 1768.

Mon très-cher confrère !

Je n'ai pas eu le temps d'aller vous faire mes adieux. Nous avons dû partir, ma mère et moi, pour la ferme de Bierset. Notre ami, le fermier Mathot, nous avait annoncé la naissance d'un septième garçon. Ma mère était la marraine et moi le parrain.

Les routes sont bien mauvaises et malgré les deux gros chevaux qui nous attendaient, en face du couvent des religieuses en Glain, pour nous transporter à destination, nous sommes arrivés tout couverts de boue. Heureusement nous avions de vieux habits et j'avais tiré mes hautes bottes de campagne.

Nous avons eu de la peine à hisser ma mère sur un cheval ; elle ne voulait pas monter sur une bête aussi grosse. Mais il a bien fallu.

Enfin, nous sommes arrivés bien portants, grâce aux deux varlets qui conduisaient nos bagages à la longe, d'une main ; de l'autre, ils portaient une lanterne, car il faisait bien noir.

La ferme Mathot est un peu plus animée que les jours où le bétail vient d'augmenter sa race d'un veau ou d'un poulain. Hier et avant-hier, on s'abordait en se disant : *Nosse dame es't accoukeie, elle est raccrèhowe.*

Quelques heures avant notre arrivée, la fermière était avec ses deux servantes au fournil, occupée à faire douze pains un peu blancs, ou plutôt moins noirs, *moitiâve* ; mais sentant qu'il y avait presse, elle expédia les chevaux pour nous prendre et le porcher alla chez le curé de la paroisse ; le vieux berger courut appeler les deux voisines, qui vinrent juste à point pour recevoir un gros garçon. Il est bien entendu que ces bonnes commères s'accouchent réciproquement ; c'est toujours à charge de revanche (1).

(1) Au Sart-Tilman, commune d'Angleur, hameau isolé dans le bois, beaucoup de femmes s'accouchent entre elles (1868).

— *Fez six doreie ax cache*, avait-elle crié en se sauvant dans la pièce à côté, *et allez bin vite houkî l'vwisène Tatine et l'cuseune Bâre. Allez tot dreut, il bouhe à l'ouhe !*

Voilà comme cela se fait à Bierset; c'est plus simple encore qu'à Liége.

Votre humble et très-obéissant serviteur
qui vous présente son profond respect,
avec lequel il se croit votre dévoué ami.
NICOLAS RIGO.

DEUXIÈME LETTRE.

Bierset, le 1ᵉʳ novembre 1768.

Très-révérend ami !

Vous recevrez cette lettre par le vieux berger qui doit se rendre à Liége.

Le jour de notre arrivée, cher confrère, après un peu de repos, nous avons mangé une soupe à la bière pour nous réchauffer ; ensuite des tartines de *pottkèse*. Ces bonnes gens sont sans façon : figurez-vous, mon digne ami, qu'ils voulaient me loger dans la même chambre que ma mère ! J'ai demandé une autre chambre où je n'ai pas mal dormi dans un banc à coffre (1).

Hier, à trois heures, nous sommes allés à

(1) Lit dans un coffre, qui se replie au mur pendant le jour.

l'église. Comme les chemins sont toujours fort détrempés, on avait étendu de la paille fraîche sur un chariot à deux chevaux, et nous sommes arrivés à la paroisse, aussi propres que dans un bon carrose. La première servante portait l'enfant ; ma mère, le fermier et moi, nous remplissions la grande charrette. L'enfant était enveloppé dans la jupe en laine de la *mesquène* et nous trois nous étions sous un grand parapluie de famille.

L'argent est encore plus rare à la campagne qu'en la sainte ville de Liége. Le père a déposé sur l'autel une pièce de douze sous, et donné deux liards au sacristain ; la marraine, cinq sous au curé, en lui recommandant de dire une messe pour l'enfant, pour la *rawette*.

Ma mère a reçu les bons souhaits et les bénédictions du sacristain, parce qu'elle avait eu la générosité de lui glisser dans la main une plaquette de six liards. Quant à moi, le parrain, je suis prêtre ; j'ai donné au curé une bonne poignée de main, je lui ai dit qu'il vienne me voir à Liége, et j'ai passé comme cela. Les loups ne se mangent pas entr'eux.

Mon filleul se nomme Nicolas-Louis ; on le dit beau garçon : c'est l'habitude. Bien certainement il est très-fort, comme son père et ses aînés ; mais il a le nez plat à larges narines, les lèvres somt grosses ; quand il ouvre les yeux, il annonce de lla vigueur et de la vie.

De retour du baptême, nous avons mangé les tarttes aux prunes et aux poires séchées, en prenamt un café un peu moins clair que de coutume. Nous nous trouvions dans la grande place (*ès l'mohonne*) où il y a toujours de grandes tables sur tout le long des murs, plus deux longs bancs en planches. On n'y voit pour tout meuble qu'un grand haut fauteuil à bras, en bois de chêne, placé devant le feu : c'est *l'plèce dè maisse* ! et quelques *hamme* (1).

Un baptême est une fête, on l'a répété sur tous les tons, de tous les temps. Et pour preuve, c'est que les servantes, les valets, les bergers, les porchers, le *maréchal* (2), etc., etc., enfin toutes les personnes occupées à la ferme viennent s'asseoir autour des tables. On leur sert *li pan d'moitiâve* ; ensuite la mesquine se rend dans la *dispinse* (3), d'où elle revient les mains chargées de tartes. Inutile de s'approcher pour s'apercevoir qu'elles sont trois fois plus épaisses que les nôtres et *qui l'caurin est mettou comme on viernis*. Mais, seigneur Dieu, comme ils mangent de grand cœur !

(1) Tabouret à trois pieds.
(2) Le charron.
(3) Place où l'on prépare et où l'on conserve des provisions de toutes sortes.

Étant resté l'un des derniers à table, je me suis permis de plaisanter l'heureux père ; je lui ai demandé s'il n'était pas passé, par la ferme, un homme du midi de la France, un Espagnol ou bien un Moricaud.— Ne riez pas, m'a-t-il répondu : nous produisons et nous élevons par nous-mêmes, à la ferme Mathot ! Voilà pourquoi nos produits sont d'une si belle venue. Notre vie simple nous conserve santé et vigueur. Nous évitons les soldats, *les mône* et *les priesse*, et la noblesse. Ces gens-là ont très-bien le temps. On dit à la ferme : aimez le prêtre à l'autel, le soldat à son poste et les seigneurs où ils veulent, excepté chez nous.

Que direz-vous de notre fermier, mon cher ami ? Il n'est pas si bête, n'est-ce pas ?

J'entends le messager qui demande s'il n'y a pas de commission *po l'veye* ; je ferme ma lettre et j'attends une réponse de mon très-digne ami. N'oubliez pas de me rappeler à Messieurs du Chapitre pour une place de vicaire, en notre sainte ville.

Votre bien dévoué et affectionné confrère qui vous prie de recevoir l'assurance de son estime.

NICOLAS RIGO,
Compteû à St-Martin.

On dit que vous serez bientôt curé.

Le même :
NICOLAS RIGO.

TROISIÈME LETTRE.

3 décembre 1768.

En la ferme de Bierset.

Mon très-honorable confrère !

Malgré votre indifférence pour la santé de mon filleul, je me fais un devoir de vous donner de ses nouvelles. Mon petit Louis va très-bien ; *il se fait*, dit-on. Cependant je n'ose pas le tenir. Ensuite ses langes sont vieux et usés. Il est vrai que mon filleul est le septième garçon, sans compter les filles, et qu'on lui repasse les nippes de ses aînés. On fait peu de façons avec ce gas ; quand sa mère l'a bien gorgé de son lait, elle le recouche dans son berceau en bois, puis elle vaque aux soins du ménage.

Croiriez-vous que le lendemain de ses couches, cette femme était levée et sur pied ! ils sont forts ces gens-là ! sa grande besogne ne souffre pas.

La chambre à coucher est située au rez-de-chaussée, à côté de la grande place commune ; elle est également pavée en pierres. C'est là que la bonne mère est entourée de petites couchettes occupées par deux enfants. Elle ne les confie à personne ; c'est une vraie poule pour sa couvée.

Les soirées se passent agréablement ici. Je m'amuse à faire parler les gens de la ferme. Après la besogne, le fermier fait sa ronde dans les étables et dans les écuries, puis on se rassemble pour souper. Le repas du soir est aussi simple que les autres : il se compose de grandes écuelles, des *crameû*, remplies de pommes de terre, de choux, ou bien de farine cuite à l'eau. *Dè l'sipesse bolleie comme po les tapissî*. Après le souper, on cause quelque temps ; ensuite le fermier ôte son bonnet de coton et fait un grand signe de croix. C'est le signal : tout le monde s'agenouille pour répéter la prière du soir. Quand il fait bien froid, on donne un petit verre de genièvre à ces braves gens qui vont se coucher dans la paille (1).

J'ai remarqué avec plaisir la propreté des grands plats en terre cuite et en étain. On ne voit plus les tables épaisses où la forme d'une écuelle était creusée pour chaque convive ; mais on conserve

---

(1) George Wille, graveur du roi, en voyage pour dessiner des vues, raconte dans son journal : Nous allâmes loger à la chasse royale, seul cabaret de Montcerf. Chose remarquable, il y avait des lits dans deux chambres, mais des lits faits de joncs de marais et des oreillers remplis de sable et de coquilles d'œufs. Les vitres manquaient aux croisées ; mais notre hôte y colla du papier brouillard avec de la fiente de vache.

Montcerf, près de Paris.

Voyez Journal de G. Wille, publié par Georges Duplessis, t. II, p. 100, 17 août 1784.

encore la cuiller en bois, forme ronde, pour manger la bouillie. *Des cuî, des losse !*

— En été, me dit le fermier, les ouvriers s'en vont au point du jour sur les terres ; vers sept ou huit heures, ils viennent déjeûner de farine cuite à l'eau ; vers dix heures, on leur porte au travail une tartine *di wassin comme li molin l'heut* (1).

Le fermier Mathot profite de ma présence pour se soigner ; nous avons bonne bière et bon fromage — et des fruits. Nous faisons notre repas sur le pouce, au coin du feu. Les domestiques et les servantes mangent à cinq ou six dans le même plat. Pour ne pas perdre une goutte, chaque mangeur doit passer le dessous de sa cuiller ronde en bois sur le rebord du plat ou de la marmite où la farine a été cuite.

Quand je ne suis pas là, le fermier prend part à la gamelle ; la fermière mange avec ses servantes.

La journée d'hier et la vesprée ont été plus gaies que de coutume ; il est vrai, c'était dimanche. Un bouilli, un excellent chapon rôti arrosé de bière de Hougaerde nous conduisirent très-gentiment jusqu'aux vêpres. Après le Magnificat, nous sommes allés au cabaret jouer aux cartes, les fermiers dans une pièce, les varlets dans une autre. N'en dites rien, cher confrère ; mais ici, les prêtres

(1) Pain de farine de seigle, comme il tombe du moulin.

vont encore au cabaret ; ce n'est pas comme à Liége (1).

Quand vous verrez ces Messieurs du Chapitre, veuillez, cher ami Delchef, parler pour moi. Je voudrais bien être nommé vicaire en ville ou dans les environs. Vous savez, je suis votre condisciple et je ne suis que *compteû* à St-Martin.

Recevez, mon très-digne, etc., etc.

P. S. Le fermier prétend que, pour vivre content et heureux, il faut :

> Prinde li temps comme il vint,
> Les gins comme il sont,
> Et l'àrgint po çou qui vât.

QUATRIÈME LETTRE.

Bierset, le 7 décembre 1768

Monsieur le respectable vicaire DELCHEF, à la paroisse de St-Nicolas-aux-Mouches, en Liége.

Mon cher confrère !

Je vous suis très-reconnaissant de m'avoir recommandé à M. le révérend chanoine et chevalier de Lantremange, conseiller de S. A. S. E. C. en sa chambre des finances.

(1) En 1725, le prince Georges-Louis de Berghes avait défendu aux ecclésiastiques d'aller au cabaret.

Les finances, cela doit être une bonne place?
Moi, je suis *compteû*.

Je chercherai, mon cher condisciple, à vous témoigner ma gratitude en vous envoyant des coutumes et des *quolibets* pour votre collection.

Mon filleul commence à ouvrir les yeux un peu plus souvent; mais ce qu'il ouvre beaucoup, c'est sa bouche! Bon Dieu, avale-t-il! ce sera une belle fourchette.

Il y a deux jours que la fermière partait pour aller faire sortir le diable hors de son corps, comme ils disent à la ferme : *Elle es't-èvôie si fer ranessi* (1).

Et nous, comme il faisait une bonne gelée et qu'il n'y avait pas beaucoup d'ouvrage, nous sommes allés jeter des barres de fer après un jambon de bois, au cabaret: *jeter à l'âwe.*

J'oubliais de vous dire que le premier de ce mös, 1ᵉʳ décembre, jour de St-Eloi, il y avait du mouvement dans toutes les campagnes. Tous les fermiers de la Hesbaye, maîtres et valets, étaient montés sur leurs chevaux pour se rendre à Verlaine et dans les villages où se trouve l'image de St-Eloi, patron des chevaux. Après avoir écouté la messe pour que le saint protège leurs bêtes, ils remontent à cheval et galopent autour de l'église.

( ) Les relevailles.

C'est un jour de fête pour ces animaux ; ils ne travaillent pas de la journée et, de plus, ils ont une double ration. C'est un bon jour aussi pour le curé de Verlaine : en plus des offrandes pour son église, il reçoit des présents.

Il est bon et généreux, le curé Keyeux ; il m'a invité à dîner avec Mathot. Il vous invite également à y aller en été, et il m'a chargé d'une commission pour le Synode. Je vais en profiter pour me recommander.

Voici deux *galguizoutes* de notre joyeux curé.
— A la Joyeuse-Entrée de notre prince, dit-il, on traduisait trois sonneries de la sorte : Les cloches de St-Denis répétaient :

Ten-ta-tion, ten-ta-tion, ten-ta-tion.

Sainte-Aldegonde répondait, toujours avec ses cloches : *Ré-sis-tez ! ré-sis-tez ! ré-sis-tez !*

Puis les cloches de Ste-Madelaine, plus petites, tintaient en pleurnichant quatre notes :

Ji vous ji n'pous, ji vous ji n'pous, ji vous ji n'pous.

Le curé nous rappelait que, dans le cortège, se trouvaient six Rosières, c'est-à-dire six jeunes filles qui avaient obtenu la *rose*, le prix de sagesse, en deux mots, les plus vertueuses de la ville de Liége et des environs.

Quelques musiciens suivaient les jeunes vierges

em répétant une marche appropriée à la circonstance. Voici les paroles adaptées à la musique.

Les trois premiers violons répétaient en mesure :

Qu'ell'-sont belles,   Qu'ell' sont belles,
Nos pucelle !   Nos pucelle !

Trois clarinettes disaient en même temps :

Eco n'sét-on,   Eco n'sét-on,
Eco n'sét-on.   Eco n'sét-on.

Notre bon curé traduit l'accompagnement de deux contre-basses de la sorte :

To-tès trôie ! To-tès trôie ! To-tès trôie ! (1)

Dans ma première lettre, vous recevrez deux fables, que je fais raconter tous les soirs par le vieux berger, afin de les apprendre. Les gens de la ferme appellent ces contes : des *ranchâr*, des *boignes messège*.

Je suis votre très-humble et obéissant serviteur.

Signé : NICOLAS RIGO, *prêtre*.

(1) Ces galguizoutes sont de l'époque.

CINQUIÈME LETTRE.

Bierset, 11 décembre 1768.

Mon très-estimable ami,

Que voulez-vous faire à la campagne dans les matinées d'hiver ? J'ai fini d'écrire à ma mère ; je viens m'entretenir avec vous en attendant le dîner.

Tout le personnel de la ferme se porte à merveille, y compris mon filleul. Quant à sa mère, elle serait plus changée d'un rhume de cerveau que d'une couche. Je parle de rhume ; mais on ne connaît pas cela à la ferme. Mathot et sa femme prennent un mouchoir de poche de Rouen, le dimanche, pour aller à la messe et il reste dans les habits du dimanche, voilà tout : pas d'autre usage.

Hier nous avons joué nos deux heures au piquet, comme tous les jours après le petit *prongir* (1).

Après la tournée dans les granges où l'on bat le grain, nous sommes revenus près d'un bon feu, *ès l'mohonne*. Ce feu éclairait si bien qu'on aurait pu se passer de la lanterne en fer blanc qui pendait au plafond à solives. J'ai cru qu'elle était là pour me faire honneur.

Ne m'oubliez pas, cher confrère, auprès de MM. du Chapitre.

(1) La méridienne.

Je fais remettre cette lettre par le charretier qui conduit du grain à la ville. A propos de grain, voici une fable. C'est le vieux berger qui parle.

ONK VAT L'AUTE.

On bai foirt paysan,
Joviâl et côrpulent,
Intrat amon l'Signeur
Avou n'chège di s'iabeur :
Il livréve li chestai
Di çou qu'aveut d'pus bai.
Quél bel homme ! ôt-il dire,
Dè l'dame qu'est-à l'veûlire.
Nosse paysan contint,
Tot fîr, rilîve li tiesse :
Ji dônreus m'châr di grain
Po v'jâser quéqu' moumin,
    Dist-il.
« Vinez, respond l'comtesse,
» C'est-on marchî fini. »
Noste homme court à l'ostège,
Puis rid'hind tot contrit.
— A m'feumme qui dirai-je ?
Elle va d'mander l'ârgint,
Et va miner si-arège.
Biesse qui j'sos ! ji m' ripins !
Pauve ou riche, ine feumm'reie,
Ji sés qui c'est pareie ;
Mais... ça m'cosse mes bais grain.

— « J'ai compté, mon brave homme ;
» Tenez, voilà la somme. »
Di l'Signeur qui n'sét rin,
Et qu'esteut bon apôte.
— Bin, nossé maissè, j'el vous bin,
Ca j'el dis : l'onk vàt l'aute.
Volà l'fâvé foû,
Vos magn'rez l'hâgne et mi l'oû.

— *Eco n'pitite*, dit Mathot au vieux berger.
— *J'y sos, nosse maisse*, répondit le vieux en faisant tourner la floche de son bonnet de coton dans ses doigts.

LI BOURDEUX BIERGI. (1)

Pâquot breyéve à leup, on joû, po passer s'timps :
On tél cri èwâre baicôp d'gin.
Tos les biergî dè voisinège
Accoret à sécours ; Pâquot s'enn'è moqua,
Enn'è rallît, mais bin mâvas
Et tot honteux di s'badinège.
Riret bin qui riret l'dièrin.
Deux joû d'après, on leup qu' qwèréve li glotte magneur,
On leup qu'assotihéve di faim,
Mâgré l'chien èt l'biergî, broca ! sèmant l'terreur,
Et v'là qui s'tronle pus d'on mouton.
A leup ! brait-il, à leup ! Mais volà tot l'canton
Qui reie à s'tour : Aoi-dai ! bon po n'feie ;

(1) Traduction du *Berger menteur*, de Florian.

Nenni, dist-on, pu mâie vos n'nos arez.
On pinsa co so n'badin'reie.
Breyez ! breyez ! Pâquot, mais tot seu vos d'meurez.

Vo l'veyez bin : on n'pout rin creure
Même li vraie qui vint d'on menteur.

Le reste à bientôt, mon très-digne ami Delchef, faites-moi savoir si les *ranchâr* et les *galguizoute* de la ferme plaisent dans vos réunions de confrères, et recevez l'assurance de mon humble dévouement.

Votre ami,

NICOLAS.

SIXIÈME LETTRE.

Bierset, le 16 décembre 1768.

(AU MÊME.)

Cher ami !

Comme il y a dans ces temps-ci plus de prêtres et d'abbés que de places vacantes, il est nécessaire d'être fortement recommandé. Je viens encore vous prier à nouveau de me rappeler à tous les révérends chanoines composant le Chapitre. Je voudrais bien être nommé vicaire et rester *compteû* à St-Martin.

Voici une fable du maître varlet. Elle nous dit

qu'il convient de parler au Chapitre assemblé et non-seulement à ces Messieurs en particulier, comme vous l'avez fait jusqu'aujourd'hui.

LI CHÀPITE.

Tour à tour des chenône, avou n'douceur di saint,
Dihît à Piérre : Ainsi, on r'mont'ret vosse trescint ?
— Est-il possibe, fat Piérre, les timps sont deurs ;
 Çou qu'vos m'dihez, ji nè l'pou creure.
 Jàsez por mi : ji v'donn'ret on pourçai,
  Dè l'crème et dè lessai.
 — C'est bon, d'hît les chenône,
  Nos frans fini vos pône.
 Et, tos, séparémint
 Il r'çuvît on présint.
 Mais tot l'même, dè Chapite,
  Li r'nom vint à pus vite,
Di cint cârlus volà Piérre rimonté !
 Il r'trova les priesse ;
— Eh bin ! dist-il, vis avè bin ragosté ?
Mes présint fet des bin, c'n'est nin comme vos promesse.
 — Qui polîne fer contre tot l'Chapite, dihez ?
  Nos n'sârî résister.
Mettez n'chandelle à dial, dinnez-li n'bonne heurêie !
Piérre invita l'Chapite po li dire si pinsêie ;
  Et v'là qui l'paysan,
  Donne on diner po l'contrepan.
 È l'grande marmite à fer l'chaud'nêie,
  Tos les bons mets fet n'cabolêie.

Il tape essonle bouli, jott'reie, sàcisse, polet,
Canârd, live et dindon, et d'on bouf li filet !
C'esteut on long brouet qu'odéve foirt li marasse,
Wisse qu'on veyéve flotter jusqu'à bêche d'ine begasse,
Ad'lez n'vilaine âweie qui hagnive on barbai !
   Tot ça n'esteut nin bai ;
Les dineu tot d'gostés so l'chaudire fît n'seure mène,
Tot veyant l'casmatroie di pietrix et d'rècenne.
   — Qu'ave fait, cinsî ?
  On s'fait carnage qui pout v' l'avu consi ?
   Ah ! quél dammage ?
  Kimint louméve ci plat d'sâvage,
  Qui fait qu'nosse cour est tot hoirci ?

— C'est-on Chapite, mes maisse, si v'volez mè l'permette :
   Chapite, c'est s' nom !
   A pârt, c'est bon ;
Rassimblé, ça n'vât nin tôs les dial qu'è l'possède.

   Volà l'fâve foû, etc.

Après la fable du Chapitre, je riais de si bon cœur que le fermier voulut aussi nous dire la sieme.

La voici, cher confrère : il s'agit d'un baudet têtu et *vireux*.

PO FER ROTTER L'BADET.

 Qui fât-il fer, Monsieur l'docteur ?
 To dreut d'vant l'bache dè câbaret
 Ji pièd' di m'timps, pus d'on quwart d'heure,
 A bouhî so l'cou di m'bâdet.

Po s'vireus'té fez-m' l'ordonnance ?
— Rattinds, vîx fré, qwand ji r'pass'rè
Nos l'ècrâh'rans : fât qu'il avance.
    Et l'lèddimain,
    Nosse brave méd'cin,
Appoirtéve à vîx camarâde
On potiquet di fène poumâde,
    Qu'on d'véve frotter
    Inte les deux fesse
    Dè l'biesse.
Ji t'ârè, va ! ji t'frè rotter !
J'a l'pot, dit l'vîx, rattinds, pindârd ;
Nos vos-cial â Diérin patâr.
A pône li biesse si t'na-t-elle queu,
Qu'il hèra l'poumâde avou s'deugt :
Et v'là bâdet sintant l'piqueure,
Qui s'èpoite comme dè l'moir-âx-dint
    Des main
    Di s'conducteur.
Mais l'hesbignon qu'esteut sincieu,
Vola wâgni avou l'même jeu.
Dè l'rattraper ji fais l'wâgeure,
Dist-il ; ji sâret cori reu ?
    Et tot dreut,
S'dâbora juste ès l'même plèce,
Li crâhe qu'aveu fai cori l'biesse.

    Volà l'fâve foû, etc.

La pommade qui fait courir les ânes têtus nous avait conduit à neuf heures ; les contes furent remis à un autre jour.

Le fermier Mathot commença la prière du soir et tous agenouillés nous répétâmes le chapelet.

Au revoir, très-digne confrère ; que le bon saint Nicolas vous tienne en bonne santé.

Signé : Nicolas Rigo, *prêtre*.

P. S. Mon filleul se fait bien.

SEPTIÈME LETTRE.

(AU MÊME.)

Dierset, le 19 décembre 1768.

Monsieur et cher camarade,

Je vous ai mille obligations de ce que vous m'avez recommandé au très-révérend et très-digne Tréfoncier le baron de Trappé. J'aurai dans quelques jours le plaisir de vous remercier de vive voix ; je dois aller remettre au courant mes comptes de fin d'année.

Dans la crainte de l'oublier, je vous envoie par le messager un panier de poires séchées (*caché*), une demi-livre de pottkése (c'est la moitié de ma part), et la *bonne aventure* de mon filleul.

Vous ai-je parlé du vieux berger, le plus ancien serviteur de la ferme ? Une vieille figure noire et ridée, encadrée de longs cheveux blancs. Cet homme est entré chez Mathot à l'âge de 13 ans, en 1700, ce qui lui fait, à notre époque, quatre-vingt-un ans. Il sert à toute main. En hiver, il fait les petites réparations aux ustensiles de la maison ; il apprend les lettres aux petits enfants ; il leur raconte des fables de revenants et de voleurs ; il est le baromètre du village ; on vient le consulter de bien loin. Il sait aussi beaucoup d'histoires sur le temps passé. Parfois il rimaille quelques refrains que les ouvriers et les enfants répètent.

Hier soir, j'étais rentré, seul, dans la grande salle (*ès l'mohonne*) : tous les hommes étaient occupés ; les femmes apprêtaient le repas. Dans la *place* à côté, on entendait une voix nazillarde et traînante : c'était le vieux berger placé entre le berceau en bois de mon filleul qu'il balançait mollement, et de l'autre côté le petit Léonard, entré dans une planche jusqu'aux deux bras. Cet enfant passait et repassait dans une glissière qui soutenait la planche et le marmot. Ce meuble, au moyen duquel on apprend à marcher, se nomme *gadot* : c'est là que toute la jeune famille fait ses premières promenades, longues d'une toise environ.

Un troisième, Petit-Jean, jouait couché sur la peau de mouton servant de manteau au berger.

La clarté du feu de houille était arrêtée par les langes du jeune enfant, qui laissaient échapper une légère vapeur en se séchant ; les fumées de tout genre, en remontant dans la grande cheminée, servaient à *waswâder* douze ou quinze aunes de saucisse.

La voix du vieux pâtre, aussi sombre que la pièce, donnait à cette scène un caractère mystérieux.

Voici, mon cher camarade, ce que chantait le vieux berceur :

   Nannez, nanninette,
  Nannez, nosse mamé Louis ;
  Nannez, nosse rawette,
  Di s'papa c'est vos qu'est l'fils.
   Nannez, nanninette.

  Vosse mére a dé bon lessai,
   Nannez, nanninette,
  Ji v'hosse so des doux mossai,
   Nannez, nanninette ;
  Les fleur marqu'ront vos pasai.
   Nannez, etc.

  Mi, l'biergî, ji v'prédi'rèt,
   Nannez, nanninette,

Qui vosse nom riglatih'rèt,
    Nannez, nanninette,
Comme les s'teule et comme l'air-diet.
    Nannez, etc.

Ovrez ! fez comme vos parint,
    Nannez, nanninette ;
Ovrez l'térre, ovrez-l' brav'mint !
    Nannez, nanninette,
Et Diew avôieret l'pâiement.
    Nannez, etc.

Et vos xheûre et vos grignî,
    Nannez, nanninette,
Sèront si pleins, si chergîs,
    Nannez, nanninette,
Qu'il fâret les astanchî !
    Nannez, etc.

Adone c'est vos qui s'criret,
    Nannez, nanninette,
So l'live, qwand vosse pére mourret,
    Nannez, nanninette,
Et l'bin et l'mâ qui sûret.
    Nannez, etc.

Tour à tour nos passans tos !
    Nannez, nanninette,
Maisse et vârlet ont quéqu'mot,
    Nannez, nanninette,
So l'vix live dè l'cinse Mathot.
    Nannez, etc.

Bin vite on vinret chergî,
    Nannez, nanninette,
Po so l'aite, li vix bergî,
    Nannez, nanninette,
Et vos, m'fi, v's allez frugî.
    Nannez, nanninette.

Nannez, nosse mamé Louis,
    Nannez, nosse rawette,
Di s'papa c'est vos qu'est l'fi.
    Nannez, nanninette.

Les couplets du vieux berger avaient pour accompagnement le tic-tac de la vieille horloge et le roulement lourd et monotome du berceau en bois. Impossible de résister; au bout de cinq minutes, l'enfant dormait comme un paquet.

A bientôt, mon très-respectable ami. Toutes les recommandations sont bonnes. Je sais que le très-digne curé de Verlaine est en correspondance avec le très-respectable abbé Delcour, du Val-Dieu; j'irai le voir demain, pour qu'il parle de moi à tous les révérends moines et abbés de ce puissant monastère.

Votre très-humble et obéissant serviteur,

NICOLAS RIGO, *prêtre*.

HUITIÈME LETTRE.

Au très-digne prêtre DELCHEF, vicaire à Saint-Nicolas-aux-Mouches, en Liége.

Bierset, le 21 décembre 1768.

Très-digne et bon camarade!

Je reviens à l'instant du village de Verlaine, où je suis allé demander la recommandation du très-respectable et très-révérend curé Keyeux. Ce brave prêtre a de très-bonnes connaissances à Liége; il a promis de m'appuyer. Je l'ai trouvé entouré d'une douzaine d'enfants, filles et garçons, et faisant les fonctions de magister. Il le faut bien, me dit-il, nous n'avons pas d'école; je fais ce que je peux pour mes enfants.

— Tenez, mon jeune confrère, en voici trois petits qui sont à *l'creuhette di par-Diew*; ils connaîtront les lettres cet hiver, je l'espère. Ceux-ci sont à leur troisième année, ils connaissent des mots comme : ba be bi bo bu, etc. J'apprends à ces trois filles le petit catéchisme par cœur, pour faire leur première communion.

Celle-ci, par exemple (il me montra une fille de 15 à 16 ans), c'est la plus savante! Elle pourra bientôt lire la messe, toute seule, dans *l'Ange conducteur*, et signer son nom très-lisiblement ; c'est une merveille. Je suis content de Françoise, dit-il, en lui tapant sur la joue. — En ce moment, Marie-Josèphe, la servante, laissa tomber le fer à tisonner contre la marmite ; ce grand bruit fit sauver un énorme chat.

— Il faut vous dire, confrère, que ces enfants ne peuvent profiter de mes leçons que pendant les trois ou quatre mois d'hiver, et trois jours par semaine ; car en été ils travaillent ou ils jouent.

Alors le bon curé dit aux élèves, d'un ton solennel : retournez, mes enfants, vous avez congé aujourd'hui, vous reviendrez après-demain vendredi ; apprenez bien vos leçons.

Les enfants se levèrent en criant : *Aoi, merci, Moncheu l'curé! Bonjoû, savez, Moncheu le curé! — A r'veie, Mareie-Josèphe et li k'pagneie!*

Et à ces cris joyeux, à ces phrases entrecoupées, se mêlaient des claquements de sabots.

Les enfants ayant disparu, le curé donna des ordres à Marie-Josèphe. Il s'agissait d'un supplément au dîner ; or, nous étions arrivés au bon moment. La Ste-Eloi avait rapporté une abondante dîme de volaille ; les fermiers avaient tué le cochon de Noël et envoyé à leur curé des côtes, du boudin, une *dressèie*, etc. Jugez si nous fîmes un excellent repas, arrosé de bonne bière de Hougaerde et d'une vieille bouteille de Pomard, qui délia joliment la langue de notre joyeux curé.

— Je n'ai pas encore trouvé un remplaçant *à vix mar'hâ*, racontait-il, voulant parler du maréchal du village, à la fois sacristain, sonneur, maître d'école et chantre de la paroisse. En été, quand le brave homme manquait d'ouvrage, il allait dans les fermes pour aider ; le dimanche, après les vêpres, il réunissait les jeunes filles et les garçons pour leur montrer le menuet et les danses nouvelles. — Mon pauvre sacristain a été tué par le feu du ciel, disait en soupirant le bon curé ; oui vraiment, un jour qu'il sonnait les cloches pour dissiper un grand orage. Je suis à peu près seul à présent ; il faut apprendre à la jeunesse à se confesser, à servir la messe, etc., etc.

Je dois aussi les exercer à tracer des jambages, tout au moins les rendre capables de mettre leur nom sur le papier. Quand ils ne sauraient que cela ! On est si gêné dans nos villages quand il faut passer un acte devant notaire ou faire signer un testament. Les témoins, pour la plupart, ne savent faire qu'une croix pour signature.

Après les grâces, notre généreux hôte me dit : nous avons encore deux heures devant nous. Causons un peu de nos distractions. Et sans attendre une réponse, le voilà qui sort... pour rentrer avec une seconde bouteille.

— Excellent contre le froid, reprend-il en me serrant la main.

Le dernier verre de la première bouteille fut pour la servante.

— *Petez-nos des marron, Mareie-Josèphe* (1).

J'entends une voisine qui demande s'il n'y a pas de commission pour la ville. Je vais lui porter celle-ci.

Je conserve l'espoir que mes lettres me rappelleront agréablement à votre mémoire, et que vous vous entremettrez pour celui qui se dira toujours, etc., etc.   Signé : Rigo.

NEUVIÈME LETTRE.

Bierset, le 24 décembre 1768.

Très-digne, etc.

Tout en chauffant et en *copinant* avec le gai curé, je lui faisais remarquer qu'à la ferme Mathot, le chef savait écrire et qu'il tenait un mémoire en forme de comptabilité (2).

(1) Dans notre enfance, nous avons entendu raconter les bontés et les générosités de ce respectable prêtre (il était le frère de notre aïeule). Nos oncles et nos tantes allaient passer chez lui la semaine de la fête et même une partie de l'été.

(2) C'est le vieux registre qu'on m'a remis, il y a un demi-siècle, pour faire des cerfs-volants. Nous en donnerons des extraits à la fin de ce volume.

— Oui, me répondit-il, dans les grandes fermes, un ou deux des aînés vont passer quelques hivers à Liége, chez des maîtres particuliers, pour apprendre un peu d'écriture et de calcul. J'en ai connu même aux Jésuites, aux *Fraiteur*, ainsi qu'au petit Séminaire, Place aux Chevaux. — Le Pomard aidant, la conversation ne tarit pas. Cependant je ramenais insensiblement mon curé sur le terrain des joyeusetés, en lui assurant que mon ami Delchef faisait une collection de petits contes, pour s'amuser entre confrères. — Tout heureux de m'être agréable, il me conta ceci.

LI SONNEU D'SAINT J'HAN.

    Lambert esteut
      On vix sonneû ;
Il aveut on joû tant sonné,
Tant souwé, et tant vûdî d'pinte,
    Qui tot s'piî et tot càssé
Jl s'hére wisse qu'on s'mette po k'fesser.
Arrive ine belle madame à pleume !
— Taihîve, ma sœur, dist-il à l'feumme,
Ji n'so cial qui po m' ripoiser ;
Ji va houkî monsieur l'curé.
Mais nosse madame, tote esbarrêie,
Et honteuse di s'mâseie bouwêie,
    Baboie si haut
    Qui l'sonneû l'ôt.

— Aoi, dist-elle, volà m'miséreṇ;
L'absolution, s'i-v plait, mon père.
— Bin, ji v' l'a dit,
Ji n'pous nin v'rinde li paradis ;
Ji v'brais-t-à foîce
Qui ji m'ripoise,
Et vos allez
Sins v' arrester,
M'dire des affaire
Qui ji n'vous nin savu.
Ès vérité d'mon Diu !
— Vârin, dist-elle, di monsieur l'Maire.
Ji v'va fer apougnî !
Vos l'avez bin wâgnî.
— Taihîz-v', ma sœûr,
Respond l'sonneû,
Po voste honneur,
Taihîz-ve, nos y wâgn'rans tos deux ;
Vos polez m'creure !
Ca si j'a dè l' prihon,
Sor vos r'toum'ret l'honte et l'affront !
On mâ vât l'aute, c'est peure ou pomme,
Ca mi j'dirè tot à voste homme !
Kimint sins lu vos passez l'timps...

Nosse belle dame rogiha d' coléré,
Si rapâwta, et dit : compére !
T'as co raison, va ! ni d'hans rin.

— Encore un marron, confrère, et je continue.
Il faut bien peu de chose, reprit-il, pour em-

pêcher de faire un faux pas. Je vais vous le démontrer.

Une demoiselle d'une bonne famille de Liége, contrariée dans ses amours, avait finalement consenti à se laisser enlever. La malheureuse !

Par une belle nuit d'octobre, un signal se faisait entendre dans un jardin ; une fenêtre s'ouvrait silencieusement ; un banc, puis une table devaient servir d'échelle à la fugitive. *Li baité lût*, dit la jeune fille, une jambe dehors la fenêtre. *Li trôie mi sût*, répondit l'enleveur. Était-ce à la lune qu'il s'adressait ? on n'en sait rien. Mais cette réponse sauva la jeune fille.

— *Ie ! dist-elle, j'a rouvî mes patâr et m'creux d'diamant ?*

— *Va les q'wèri !*

— *Ji va cori.*

Elle ferma la fenêtre, remonta à l'étage, puis ayant ouvert la croisée de sa chambre, elle s'écria :

Bonne nute, Gerâ (1) !

L'trôie estè s'tâ.

La jeune personne fut donc sauvée ; mais toute la durée de cette belle nuit, la lune éclaira des larmes de regret qui coulaient abondamment sur le frais et beau visage de la jeune imprudente.

(¹) On raconte la même anecdote à Ste-Walburge ; mais on dit *rerrât*.

Elle se représentait à cheval sur la fenêtre, galopant vers le chemin du déshonneur avec son *croque-palâr*.

Nous sommes tous camarades en Hesbaye, continua mon gai pasteur ; nous nous recevons réciproquement pour jouer et boire un petit verre, pour rire et nous tourmenter les uns les autres.

Dernièrement, chez un de nos vieux amis qui a pour ménagère une vieille femme un peu simple, un des nôtres se rendit près de celle-ci, et lui dit : je reviendrai dans une heure, avec votre maître, pour dîner avec les révérends confrères. Vous cuirez ces cinquante écrevisses dans du bon vinaigre ; si elles rougissent, ce sera la preuve *qu'on frawetignaie cial. — Jusqu'à tot à c' theure.*

A la fin du dîner, les invités demandèrent la surprise. Nannette, la servante, traînait et rien n'arrivait ! — Allons donc, Nannette, mais servez donc ? Enfin la pauvre femme, pressée et poussée à bout, arrive toute honteuse, et dit en posant le plat d'écrevisses : *Tinez, nosse maisse, vos m'aviz dit qui personne nè l'sâreut; portant ji n'ès pous rin, mi. Volà les biesse, elles sont totès roges !* Plus on riait, plus le maître de la maison se morfondait ; étant remis, il voulut nous faire gober cette mauvaise plaisanterie :

Un jour, reprit-il, je fus obligé de partager le lit

avec le cher confrère qui vient de nous régaler d'un conte charmant et de délicieuses écrevisses, un peu poivrées. Voudra-t-il bien m'expliquer, ce cher camarade, pourquoi dans ses rêves il m'appelle d'un nom qui n'est pas le mien ? Ecoutez, nous dit-il :

— Vosse poroche est lon d'cial,
Vos n'sârix 'nnè raller :
Il fait on timps dè dial ;
Ji v'frè-t ine plôce ès m'lét.
— Bin va po ça, confrère ; mais dispiertez-m' dimain.
Po dire mi messe tot timpe-il m'fât lever matin.
Essonle il vont doirmi ; Maïanne sérre li mohonne ;
Mais volà qu'à nolle heure, onk qui songîve, sûrmint,
Si mette à braire : Maïanne ! levez-ve don, il est timps ;
Mais levez-v' don, Maïanne, li feûmme à lessai sonne...
Puis dit, jondant ses mains :
J'ava-t-ine mâle pinsêie : qui l'bon Diu mè l' pardonne.

Inutile de vous dire, mon cher abbé Rigo, reprit mon conteur, que tout ceci ce ne sont que des plaisanteries, et qu'en dehors de nos petites réunions, notre vie est des plus austères. Nous vivons pour faire le bien et nous ne cherchons qu'à inspirer à nos paroissiens les principes de vertu. Mais vous savez, cher confrère, les farces ont plus de sel quand les personnages en jeu portent la soutane ou la robe de religieuse. Ensuite, il nous faut bien une petite distraction de temps en temps.

Je pense comme le digne curé de Verlaine, cher Delchef, et je souhaite que vous soyez dans les mêmes dispositions ; sur ce, etc., etc.

P. S. Le bon pasteur m'a donné un pas de conduite — trois quarts de lieue ; pas moins. Quel charmant homme, quelle belle âme ! et quel excellent Pomard ! J'aurai du bonheur à le revoir (le curé). A bientôt ; portez-vous bien, que le ciel et le Chapitre soient avec vous.

DIXIÈME LETTRE.

Bierset, le 26 décembre 1768.

(AU MÊME.)

Je n'ai pas précisément passé tout mon temps à écouter des babioles à Verlaine. J'ai appris que la sœur du curé était courtisée par le fils d'une honorable famille, demeurant vis-à-vis des pères Minimes ; que ces personnes étaient en relation d'affaires avec les chanoines et les tréfonciers, et qu'ils avaient leurs entrées chez Monseigneur le prince. J'aurai bien du malheur si je n'obtiens pas de l'avancement.

Voici ma soirée d'hier, passée avec le fermier.

— Vous n'étiez pas en ville, il y a quatre ans ? Alors vous n'avez pas assisté à la Joyeuse-Entrée de notre Prince ?

Ecoutez-moi.

— Chaque fois qu'il y a de grandes fêtes à Liége, je cherche à voir comme les autres, me dit le fermier.

Vous pourriez vous souvenir des calomnies et des méchants propos débités sur la conduite et l'incapacité du comte Charles. Malgré tout cela, sa Sainteté l'a confirmé Evêque et prince de Liége. Les Liégeois voulaient, avec raison, un prince du pays. Et d'après la gaîté qu'ils manifestèrent le 1ᵉʳ janvier 1764, je dois dire que depuis longtemps ils n'avaient commencé l'année dans une humeur plus satisfaite, en pareille joie et liesse.

Le 31 décembre 1763, vers les trois heures de l'après-dîner, un courrier précédé de plusieurs postillons, apporta la nouvelle tant désirée ! Rome avait décidé que le comte Charles-Nicolas-Alexandre d'Oultremont, serait Prince-Evêque de Liége.

Alors le bruit des canons, le son de toutes les cloches, et des milliers de voix firent retentir l'air de joyeux tapages et des cris : *vivâ ! vivâ ! vivâ ! vivâ d'Oultremont.* — *Vos savez k'mint qu'il va !*

A don, voilà les rues et les places qui s'emplissent de bourgeois et d'autre menu peuple (1).

Voilà que les cocardes et les bannières aux couleurs d'Oultremont *riglatihet di tot costé* ! La nouvelle avait été portée au même instant, *et so on bon ch'vâ*, au château de Warfusée.

Le lendemain matin, jour de l'an, le Prince est en route pour Liége ; il arrive au bruit de l'artillerie, au branle joyeux de toutes les cloches et aux acclamations redoublées d'une foule innombrable. Les cris du peuple sont flatteurs à Liége ; ne les provoque pas qui veut.

Son Altesse était escortée d'une troupe de ses zélés sujets, tous armés, et d'environ une cinquantaine de volontaires, enrôlés parmi nos premiers bourgeois ; on les appelait les gardes praticiennes. Je les vois encore, tous habillés de même et superbement montés. Oh ! ils étaient bien beaux ! ils portaient des uniformes écarlates, richement garnis d'or, avec des parements et des culottes en velours noir.

On fit chanter des *Te Deum* aux Dominicains, aux Mineurs, etc., etc., des grand'messes pompeuses, suivies de brillants cantiques, etc. — *Vos savez l'mint qu'il va* ! Par tout des musiques déli-

(1) Nous tirons ces détails d'un manuscrit rédigé par un bourgeois de Liége.

cieuses, composées par M. Hamal, maître de musique à la Cathédrale. On disait qu'il y avait plus de quatre-vingts musiciens ! — *Vos savez k'mint qu'il va !* On double quelquefois.

Tout de même, *Lîge trèfilêve !* Le Chapitre, la noblesse, les personnes de distinction, *tot l'bataclan, totes les gins qui n'fet rin.* On voyait M. de Grady, suffragant ; les armes de S. A. C. à l'autel ; ensuite les échevins, les anciens bourgmestres et les prélocuteurs ont également signalé leur zèle. Puis l'official, etc., etc.

Au mois d'avril 1764, le prince de Saxe ayant demandé que sa cause fût de nouveau jugée, tout tourna encore en l'honneur du comte d'Oultremont.

Les fêtes recommencèrent de plus belle, le canon retentit de nouveau, les cloches harmonieuses sonnèrent à toute volée ; puis ce fut un cortége de plus de cent carosses ; la plupart des habitants avaient orné leurs façades ; le soir il y eut des illuminations. — *Vos savez k'mint qu'il va !*

En 1765, le 10 juin, continue le fermier, je suis allé voir l'inauguration de Son Altesse, à la chapelle du Palais. Pour mieux dire, j'ai cherché à voir, car il n'y avait de la place que pour les révérendissimes abbés de St-Laurent, du Val-St-Lambert, etc., etc., enfin pour tous les gros bonnets ! — *Vos savez k'mint qu'il va ! Ci sèret todi comme çoula.*

Le lendemain matin, Son Altesse se rendit à la Cathédrale. Les formalités ordinaires de l'inauguration furent observées. Il reçut les hommages des différents corps, de tous les haut placés, des magistrats, etc.

Alors on chanta un pompeux *Te Deum*, qui fut suivi d'une magnifique grand'messe avec accompagnement du bruit des canons et du son de toutes les cloches des cent *et des* tours, le tout dominé par les mugissements solennels du bourdon de la magnifique Cathédrale St-Lambert.

A neuf heures du soir, on commença les illuminations, dont les merveilleux effets étonnèrent les nombreux spectateurs. Les lampions semblèrent éclipser la pleine lune, qui pâlit d'abord et s'obscurcit ensuite, comme si elle ne pouvait lutter contre une si belle illumination (1).

Pour mieux vous détailler ce qui se passa, reprit Mathot, je vais vous lire mes notes, que j'ai copiées d'une relation faite par un homme qui avait fait de bonnes études. Mais c'est bien comme je l'ai vu.

« Quant aux décorations, l'imagination la plus

---

(1) Copie textuelle.

féconde aurait peine à en concevoir la variété et la magnificence. On ne reconnaissait plus la plupart des maisons ; elles avaient changé de face, étant revêtues de toute sorte d'ornements qui étalaient aux yeux des curieux une infinité d'emblèmes, de vers, de chronogrammes, ainsi que d'ingénieuses devises en prose illuminées de mille façons différentes par des pots à feu, des lampions et des flambeaux.

» La Cathédrale se distinguait par deux grands ordres d'architecture, placés l'un au portail de la Place-Verte avec tous les seize quartiers de S. A. C., l'autre en face du Grand Marché, où du même coup d'œil, on voyait briller les deux tours de sable entourées de pots à feu et de lampions. »

C'est les tours à sâvion qu'il vout dire !

« En même temps, l'Hôtel-de-Ville, qui était illuminé sur toutes ses faces, excitait l'admiration ; surtout la grande façade, couverte sur toute sa hauteur d'un dessin dans le goût chinois. Plus de dix mille pots à feu éclairaient la maison de l'Etat, qui forme une aile du palais. Toute la façade du dit palais se distinguait par des colonnades de l'ordre corinthien, le tout éclairé !

» Ce fut vers les dix heures du soir que S. A. C. sortit du palais avec une suite de plus de deux cents carrosses et ses gardes patriciennes. Il fit presque le tour de la ville ; toutes les places et les rues fourmillaient d'une foule innombrable, tant étrangers que citoyens. »

— *Vos savez k'mint qu'il va !*

« Le 12 au soir, tout le quartier d'Outremeuse fut à son tour illuminé, ainsi que les deux rives de la Meuse, où l'on admirait la brillante illumination des tanneurs et celle des Dardanelles sur le pont d'*Arche*, qui faisait dans les airs et dans les eaux un effet merveilleux.

» Messieurs les avocats, procureurs, gens des plus rusés dans les peuples (1), ont eu la faiblesse de se laisser tromper par un Français au sujet d'un feu d'artifice qu'ils avaient commandé et fait préparer depuis plus de deux mois.

» Le château en planches, pour le bouquet, était préparé en Gravioule. Le Français s'excusa en disant qu'il n'avait pas eu le temps d'achever son ouvrage. Le peuple mécontent voulait l'étrangler ou le pendre pour son paiement. Le feu d'artifice fut entièrement manqué. »

— Malgré ce désagrément, dit Mathot, jamais entrée de prince n'a été si belle. Et les bouchers donc, qui sont allés brûler leurs bancs, au nombre de vingt, dans la cour du Palais, avec un gros

(1) Style de l'époque.

bouquet superbe ! Voilà des joies ! Voilà des fêtes ! rien n'y manquait ! Ronflement du canon ! cloches et carillons, feux et fumées des bancs !

Ah ! on en parlera longtemps de la magnifique entrée du 1er janvier 1764 et du superbe anniversaire des 10 et 12 juin 1765. Pour moi, c'est comme si c'était hier.

— Mais si nous allions nous coucher, l'abbé ! me dit le fermier. Je demandai une *lamponette* et courus vous écrire.

Après vous avoir souhaité le bon soir, je fais mes apprêts de départ.

A bientôt, cher ami, conservez, etc., etc.

ONZIÈME LETTRE.

(AU MÊME.)

A la ferme de Bierset, le 28 décembre 1768.

J'attends une petite gelée : il y a tant de boue dans les chemins de campagne ! Cependant je dois rentrer à Liége ; j'irai en charrette s'il le faut.

Demain je serai de retour, mon honorable ami ; après avoir embrassé ma mère, ma première visite sera pour vous.

Cette après-dînée j'ai causé avec la fermière, et comme elle a des enfants toutes les années, je lui ai demandé si elle ne ferait pas mieux de retenir une sage-femme pour ses couches ; elle m'a répondu qu'elles (les sages-femmes) étaient trop éloignées et surtout trop ignorantes (1). Nous devons nous mettre sous la garde du bon Dieu, me dit-elle, et implorer la bonne sainte Marguerite. Elles n'en savent pas plus que nous, ces sages-femmes, et avant d'avoir les accoucheurs de Liége, très-rares du reste, on serait morte six fois, quand une seule suffit. On s'accouche entre femmes, à

(¹) Le médecin Fabry (1786) combat l'incurie, le charlatanisme et les préjugés des sages-femmes. Il veut enseigner aux femmes enceintes les soins et le traitement que réclame leur position. Fabry se plaint amèrement de l'ignorance dans laquelle croupissent les accoucheuses de Dinant, de Louveigné, de Givet et du pays de Liége, où les femmes du peuple ont des *covets* (chaufferettes.)

En 1783, le chirurgien Fallize ouvrit à Liége, à la demande du prince Velbruck, une école gratuite sur l'art obstétrical.

Les abus alors fort communs dans les campagnes avaient ému le cœur compatissant du Prince. Trop souvent une mère infortunée, dénuée de secours, au moment de donner le jour au fruit de sa tendresse, avait péri victime de l'impéritie et du préjugé.

Un cours semblable se donnait également à Stavelot dès le commencement de l'année 1782. « Le magistrat de Stavelot, attentif à diminuer, autant qu'il est en son pouvoir, la masse des maux dont l'humanité est accablée et sachant que des sages-femmes grossières et ignorantes exercent un art délicat, a fait ouvrir un cours public d'accouchements. — Le s^r Dameseaux, chirurgien, recevra toutes les femmes de bonnes mœurs qui se présenteront munies d'un billet du greffier.

Nous empruntons ces intéressants détails à la *Biographie liégeoise des Médecins, Chirurgiens et Pharmaciens*, par M. Ulysse Capitaine (1850).

l'wâde di Diu ; il faut bien en prendre son parti. Connaissez-vous le proverbe qui nous concerne, M. l'abbé, demanda la fermière? Eh! bien, le voici. Presque toujours, n'est-ce pas, un fermier ayant quelques biens au soleil, cherche une femme qui, elle aussi, possède quelques lopins de terre ou du bétail. C'est ce qui fait dire à la campagne qu'un fermier, pour s'enrichir, doit avoir malheur dans ses femmes et réussite dans ses bestiaux. Voilà quel cas on fait de nous. — J'ai cherché à persuader la bonne fermière que tous les hommes n'étaient pas avares et que Mathot, son mari, ne donnerait pas le bout de son petit doigt pour tous les bonniers de la Hesbaye ! Elle m'a serré la main pour me remercier de la bonne opinion que j'avais de son mari ; mais le doute se mêlait à son sourire de satisfaction.

— Merci, me dit-elle, en me tapant une seconde fois dans la main, *et à l'wâde di Diu* !

La fermière et Mathot m'ont fait promettre de fréquentes visites en été. Je dois voir mon filleul, a dit la mère ; puis à nous trois nous avons pris quelques verres de vin de Muscat, un cadeau.

J'embrasse mon filleul et je pars pour Liége, où mes amis et mes comptes m'attendent.

Signé : *L'abbé* Rigo, *compteû.*

CHAPITRE II.

1788.

Voyage du fermier Mathot, à Liége. — Un baptême à St-Séverin. — Installation d'un curé à St-Adalbert. — Mariage de La Marck, etc.

Par une belle matinée de printemps, quelques habitants du faubourg Ste-Marguerite quittaient leur déjeûner, se demandant qui pourrait bien, de si bonne heure, troubler le calme du saint dimanche où d'ordinaire on n'entendait que le son lointain des cloches appelant les fidèles Liégeois à la messe.

Louke cila, qu'il est limprou, disait l'un, *Qué bai bayârd!* répondait l'autre voisin en s'appuyant sur sa demi-porte (*purnai*) restée close.

Le bruit clair de quatre gros sabots ferrés qui frappaient le mauvais cailloutage comme quatre marteaux battant l'enclume, annonçait l'arrivée d'un énorme cheval monté par un fermier aux larges épaules, au teint hâlé, en dépit de son chapeau à grands bords. Le brave homme était porteur de gros favoris noirs, d'un sarrau en toile bleue qui laissait dépasser de deux mains les larges et longs pans d'un frac brun ; enfin, d'un lourd bâton finissant par une masse de plomb et pendant à son bras droit par une corde en cuir, *on nâli*. Cette espèce de massue hesbignonne remplaçait l'élégante cravache d'aujourd'hui.

Un peu plus bas dans le faubourg, notre campagnard tourna dans la cour de l'auberge du *Rouge Lion*.

— *Bonjou savez, Monsieu Mathot ?* Quelle agréable surprise pour nous ! Vont-elles bien les campagnes ? Et votre bétail augmente-t-il ? Les poulains et les veaux vont-ils à votre gré ? *Totes vos biesse sont-elles bin racrèhowe ? Et l'cinseresse kimint li va-t-il ? Et les èfant ?*

— *Bin Diu merci, ça n'va nin mâ.*

Le fermier répondit avec beaucoup de bonhomie et sans se formaliser aux questions multipliées de l'hôtelier. On était habitué à porter plus d'intérêt au bétail qu'à la famille. Généralement dans les maladies, on appelait avec plus d'empressement *li maskâseux* (1) pour les bestiaux que le médecin pour les personnes, *respectant le baptême*, comme on dit.

(1) Vétérinaire.

Le déjeûner servi, l'arrivant se mit à table, après avoir pris soin d'ôter ses hautes guêtres en peau et sa blouse. Il tira de sa poche un couteau renfermé dans un fourreau en cuir : ustensile pacifique, mais qui, au besoin, aurait pu servir de poignard. — Qu'on y prenne garde, dit-il aux gens de la maison : j'ai laissé mon pistolet sur mon cheval et il est chargé.

— Vous faites bien de prendre vos précautions, répondit l'aubergiste, en voyant la large ceinture en veau gris qui entourait le corps trapu du fermier ; votre sacoche pourrait attirer les vagabonds : il reste encore, aux environs, un grand nombre de mendiants étrangers, et ces gens sont bien dangereux. Dans nos rues de Liége, nous sommes plus sûrs et plus tranquilles ; la vigilance et l'énergie de notre mayeur Fabry nous ont débarrassés de grands dangers ; et puis le prince d'Oultremont n'y va pas de main-morte : la potence en sait quelque chose (1).

— Oui, vous êtes plus tranquilles, reprit le fermier, avec vos deux cents hommes de troupe qui patrouillent toute la nuit ; mais nous, à la

---

(1) Le préjugé général fait regarder le pays de Liége et la ville principalement, comme un coupe-gorge : à l'élection du comte d'Oultremont en 1762, la ville de Liége fourmillait de vagabonds qui arrêtaient les étrangers en plein jour. Ils volaient à main armée, etc. (Dechamps. *Essai sur le pays de Liége*, 1785).

campagne, nous sommes obligés d'héberger tous ces capons qu'on chasse de Liége, et de supporter leurs violences dans la crainte d'être incendiés.

On nous rançonne, on nous maltraite et nous n'avons pas le plus petit sergent pour nous soutenir et nous défendre.

En 1771, l'Etat tiers avait reconnu la nécessité de former une maréchaussée ; les deux autres Etats n'ont pas partagé cet avis. Les malfaiteurs viennent dans nos fermes, par bandes, et vivent pêle-mêle comme nos troupeaux ; hommes, femmes, enfants, filles et garçons, grouillent pire que nos bêtes. On nous ordonne de patrouiller ; mais tout le monde convient que cela ne peut suffire pour mettre le peuple à l'abri des ruses pernicieuses de la canaille (1). Les censiers des seigneurs et autres sont obligés, et par force, de chauffer, nourrir et loger toute sorte de malveillants et de souffrir chez eux autant de vilenies qu'ils veulent en commettre. On loge forcément ces filles et ces hommes tous ensemble, et personne n'ose se plaindre (2).

(1) Nous tirons ces renseignements d'une requête manuscrite démontrant « la nécessité d'établir une maréchaussée pour mettre le pays à l'abri de toute insulte des malveillants et fripons étrangers. »

(2) Même requête, 1771 : « Si nous n'avions que nos pauvres, nous pourrions les nourir facilement. — Une brigade servirait pour faire évacuer tous les estropiés et gens difformes étrangers qui viennent étaler dans nos rues et sur nos ponts, toutes choses d'une aspect qui causent de très-grands déplaisirs dans nos familles. »

— Si vous descendez en ville, Monsieur Mathot, munissez-vous toujours de liards et de *doze sôz;* en donnant aux mendiants, vous éviterez des querelles que ces gueux cherchent aux étrangers (1).

(ª) Les rues de Liége sont des plus sales, des plus laides et les plus mal bâties que j'aie jamais vues. — Les rues mal tracées sont encombrées de mendiants qui étalent toutes les infirmités connues. Je suis étonnée et scandalisée de voir régner la débauche dans une ville que gouverne un évêque
(*Correspondance de Miss Mary Berry*, 1783.)

En nous reportant à deux siècles en arrière, nous trouvons Marguerite de Valois, première femme de Henri IV, d'un tout autre avis. On lit dans ses mémoires (1577), à propos de Liége :

« La ville est plus grande que Lyon, et est presque en mesme
» assiette ; la rivière de Meuse passe au milieu ; très-bien bâstie,
» n'y ayant maison de chanoine qui ne paroisse un beau palais ;
» Les rues grandes et larges, les places belles, accompaignées
» de très-belles fontaines ; les églises ornées de tant de marbre
» (qui se tire près de là) qu'elles en paraissent toutes ; les hor-
» loges faictes avec l'industrie d'Allemaigne chantants et repré-
» sentants toute sorte de personnages.
» L'Evêque m'ayant conduit en son plus beau palais, très-ma-
» gnifique, d'où il s'était délogé pour me loger, qui est pour une
» maison de ville, le plus beau et le plus commode qui se puisse
» trouver, accompagné de très-belles fontaines et de plusieurs
» jardins et galeries ; le tout tant peint que doré, accomodé avec
» tant de marbre qu'il n'y a rien de plus magnifique et de plus dé-
» licieux.... » (*Mémoires de Marguerite de Valois*. Chârles Caboche. Pagès 150-151).

Philippe de Hurges, dit de son côté, dans son *voyage à Liége*, en 1615 : « Nous trouvâmes cette ville fort semblable à celle de Paris, tant pour la salleté de ses rues couvertes de fanges puantes

Les vagabonds ne sont pas si terribles ici qu'au village, bien certainement, car dans nos fermes ce sont des gens sans foi ni loi ! ils ne croient ni à Dieu, ni à diable.

Il y a quelques années, une troupe énorme habillée comme tous les peuples du monde, couverte de guenilles ou d'habits brodés, occupait la ferme d'un de mes camarades, à Voroux ; il s'agissait de faire baptiser un enfant nouveau-né. La mère, moins mécréante que les autres, demandait que son fils fût chrétien; mais la difficulté était de connaître le père. Sept individus se présentèrent devant Monsieur le Curé qui n'en demandait qu'un ; et comme dans les sept présents il y avait deux Simon, le petit fut appelé Simon Voroux.

et noires, comme pour leur estroiteur, car il y a fort peu de larges, comme aussi pour hauteur excessive des édifices particuliers, où demeurent en chacun cinq et six mesnages ou plus, comme à Paris. La rivière de Seine sépare Paris en deux et la Meuse divise Liége en deux parts : St-Lambert est à Liége ce que Notre-Dame est à Paris, et le palais du prince Liégeois qui se veoid joignant l'église, est plus accomply que n'est le Louvre et les Tuilleries. Le peuple de Paris emporte le nom de badaut et de novice parmy tous les peuples de France, celui de Liége porte les mêmes marques. Les Parisiens sont séditieux à merveille, les Liégeois sont les plus mutins de tous les peuples d'Occident, exceptez les Gantois seulement ; de sorte que ces deux villes, qui sont des plus grandes de l'Europe, s'entre-ressémblent et en assiette et structure, et aux humeurs et inclinations de leurs habitants. » (*Mémoires de Philippe de Hurges*. Publication de la Société des Bibliophiles liégeois, page 63).

Aux yeux de là troupe de malfaiteurs, l'enfant n'était pas bien baptisé, car ils se mirent à collecter pour subvenir aux frais d'une nouvelle cérémonie. Ces Bohèmes ramassèrent assez bien d'argent et des provisions de toute sorte ; la fête dura toute la nuit ; ils allaient de temps en temps verser quelques gouttes de bière ou de liqueur forte sur la tête ou dans la bouche du pauvre petit enfant qui reposait sur la paille : c'était, disaient-ils, le meilleur des baptêmes.

A force de boire, de crier et de s'exciter, les femmes tombaient dans les bras de ceux qui voulaient les recevoir ; c'était l'orgie dans toute sa dégradation. Plusieurs de ces brigands, dans leur ivresse, poursuivirent les filles et les servantes de la ferme ; *Saint-Houbert !* ils frappaient les vieillards, débauchaient la jeunesse ; on nous insultait ; et pas une âme pour nous secourir ! Mais oublions ces créatures plus dégoûtantes que nos truies qui se vautrent dans le fumier ; oublions tous ces malheurs, un jour peut-être, les honnêtes gens pourront se défendre ; le pays aura la force de faire respecter ses biens et la propriété privée. Peut-être un jour parviendra-t-on à rendre tous les hommes bons et généreux, alors ils s'aideront réciproquement. Peut-être un jour n'y aura-t-il plus de fainéants, de bandes de capons, ni de brigands dépouillant les gens laborieux pour se vautrer dans la paresse et la débauche.

Ah! Saint-Houbert! s'écria le fermier Mathot, toute ma vie, je me souviendrai du fameux baptême du petit *Simon d'Voroux.*

— Mais voyons, *nosse maisse*, dit le fermier, quelle heure est-il ?

— Sept heures un quart, *mon cinsî.*

— Très-bien, j'ai du temps devant moi.

Le fermier mit un peu d'ordre à sa toilette. Tout en resserrant les boucles de ses jarretières, tout en faisant retomber ses cheveux noirs sur son large front, il racontait à l'aubergiste qu'il venait à Liége pour assister à la première grand'messe qu'un de ses bons amis allait chanter comme curé.

— Vous savez, dit-il : le vicaire Rigo est nommé curé à St-Adalbert ; quand il sera tout-à-fait installé, il s'occupera, de nouveau, de mon fils Louis, son filleul ; il veut même le loger et l'aider à s'instruire.

Mon fils Louis est né en novembre 1768, il va donc *sur* 20 *ans*; il est chez son parrain depuis huit jours pour l'aider dans les préparatifs d'installation. Je me réjouis de le voir; il doit-être superbe, mon fils : je l'ai fait habiller tout de neuf pour la messe et le grand dîner d'aujourd'hui. Il y a huit jours, nous étions chez Mademoiselle Delsatte, née Wilkin, *en Neuvice*, pour acheter *li nouve mousseure*. Il a un goût très-fin, mon fils, il n'a pas voulu les nouvelles couleurs à la mode, qu'on nomme : *Boue de Paris, Merde d'oie, le Vert pomme* si voyant ; il y avait chez Louis Gasquy, un jaune nommé : *Queue de canari*, mais il était trop clair pour nous. Il a choisi une étoffe d'un beau violet pour habit, cette belle nuance se nomme : *la Prune Monsieur. Saint-Houbert!* c'est bien beau (1). Je lui ai acheté également un gilet lamé d'argent sur soie de Lyon, pour 20 florins de Liége, et une belle paire de bas à côtes glacés en gris, à 10 florins. Le tailleur Osteaux est cher, mais il travaille bien ; on ne resemble plus à des gens de la campagne, étant habillé par lui. Je me fais une fête de voir mon fils vêtu à la nouvelle mode, comme les riches de la ville.

A plus tard, *nosse maisse*, je dîne chez Monsieur le curé Rigo.

En passant devant l'église de la miraculeuse Vierge, Notre-Dame de St-Séverin, notre fermier Mathot eut l'idée d'aller lui déposer son

(1) Nous possédons les factures et la lettre renfermant un échantillon de l'étoffe ; de plus, des factures expédiées directement de Lyon, Valenciennes, Amiens, Néau (*Eupen*), Amsterdam, La Haye, Tournay, Maestricht, etc., etc. (1780 à 1796).

offrande, de dire une prière et faire brûler une chandelle.

A peine arrivé devant la statue vénérée, il fut distrait et bousculé par un groupe de six à sept personnes ; une d'elles, marchant en avant, déposa un paquet sur la table de l'autel ; puis on alla chercher un prêtre.

— Qu'y a-t-il ? demanda Mathot à un curieux de l'arrière-plan.

— On va intercéder près de la miraculeuse Vierge pour qu'elle donne la vie à ce petit mort-né, quand ce ne serait que pour le temps que durera le baptême.

— Vraiment?

— Il y en a qui respirent un moment, d'autres se remuent et meurent après être baptisés. Notre-Dame, dont vous voyez la sainte statue, a fait beaucoup de miracles ; achetez les petits livres à la porte si vous l'ignorez, ou bien chez Bassompierre. Avançons.

On découvrit la tête du petit cadavre en présence du père, du parrain et de la marraine. Pendant la cérémonie, des femmes formaient le cercle et disaient à demi-voix : *Loukîz don l'binamé, il r'mowe, dai !*

Mathot voulut s'avancer pour s'assurer du miracle ; mais il ne put approcher que trop tard.

Une autre personne sortant du groupe disait à sa voisine : *Aoi, on pout bin li fer s'lâsse allez : il est comme on marme* (1).

C'est égal, se dit Mathot, adressons une prière au bon Dieu pour que le petit repose en paradis et non dans les terrains vagues et inconnus réservés aux petits anges non baptisés.

— Dira-t-on la messe d'ange ?

— Probablement, répondit un voisin, ce sont des gens comme il faut. Ces précautions tranquillisent.

— A la campagne, nous baptisons nous-mêmes : un peu d'eau bénite, un signe de croix et notre conscience est tranquille.

Le fermier se retira en hochant la tête, il se disait tout bas : *Saint Houbert !* quel singulier baptême !

Depuis l'église St-Séverin jusqu'au passage d'eau de la place aux Chevaux, il fut talonné par des mendiants, les uns boiteux ou couverts de plaies, d'autres montrant des infirmités repoussantes. En homme prudent, Mathot se débarrassa de ces malheureux en leur donnant des liards.

Ayant passé l'eau au bas de la rue Haute-Sauvenière, il se dirigea vers l'église voisine de

(1) Oui, on peut bien lui faire sa boîte, il est comme un marbre.

St-Adalbert, remonta la grande nef et alla prendre place dans le chœur, derrière les chanteurs.

On venait de commencer une grand'messe en musique; une quantité de prêtres richement vêtus garnissaient les *formes* (stalles) et les marches de l'autel resplendissant de centaines de cierges, de fleurs et de bannières aux mille couleurs.

L'église était trop petite pour contenir la foule; on se bousculait à l'entrée, on escaladait les bancs pour mieux voir. M. l'abbé Rigo, le même que nous avons connu en 1768 à la ferme de Bierset, officiait ce jour-là comme curé, pour la première fois. Il venait de terminer un bon petit sermon de circonstance, il avait annoncé les décès et les mariages et retournait à l'autel, quand on vit sortir de la foule un beau jeune homme, à l'air distingué, mais paraissant fort agité et très-gêné. Au même instant, sortait d'un autre banc une jeune personne de 18 à 20 ans : elle était pâle et tremblante; cependant la grande émotion qu'elle éprouvait diminua insensiblement à mesure qu'elle se rapprochait de celui qu'elle choisissait pour son protecteur. Les jeunes amants s'arrêtèrent au balustre du chœur; puis, selon la coutume, déclarèrent solennellement se prendre pour légitimes époux; leur voix s'élevèrent au milieu d'un profond silence, pour jurer devant Dieu et devant les hommes qu'ils se regarderaient toujours comme tels (1).

Un tel mariage était valable selon la coutume et la loi du pays. Cependant la messe continua dans le trouble, les caquets et les murmures. Bien que cet usage fût très-connu à Liége, il ne manquait jamais de fournir matière à des critiques et à des bavardages de tous genres.

— C'est parce qu'il n'est pas riche, disait l'un.

— On s'oppose, pourquoi donc ?

— Les parents de la fille devront prouver que le jeune homme est débauché, ivrogne ou joueur, pour que l'union ne soit pas parfaitement valable, disait un avocat en jupons.

— Oui, mais la mère est très-mécontente; cette veuve ne donnera que la plus petite dot : *cinq patâr*.

— *Allez viquer avou n'blanmûse*, ricanait un quatrième.

— On dit aussi que la veuve veut faire enfermer sa fille. *Pauvre èfant!*

En ce moment, le servant sonna trois coups séparément ; tous les assistants s'agenouillèrent en se frappant trois fois la poitrine. Tous dirent :

(1) Voyez : *Essai sur le pays de Liége et sur les loix fondamentales*, par Michel DESCHAMPS, 1785, in-8 (Réédité par Ulysse CAPITAINE).

mea culpa, c'est par ma faute, c'est par ma très-grande faute .

Ce qui n'empêchait pas la moitié des fidèles d'oublier la messe. On jasait dans le temple du bon Dieu comme dans un concert.

— Elle sera fourrée dans un noir couvent, je sais, moi.

— Il faudrait bien mieux la laisser devenir une bonne mère de famille qu'une mauvaise religieuse ; de ces dernières, il y en a toujours de trop, dit un petit vieux en souriant.

— *Taihans-nos, vocial li chesse-chin.*

La grand'messe terminée, le monde se retira lentement, à l'exception des curieux et curieuses surtout, qui désiraient savoir si le jeune couple célébrerait le mariage jusqu'au bout en partant ensemble.

La jeune personne avait été élevée dans la décence et les bons principes ; elle résista aux instances de son bien-aimé qui avait alors tous les droits de mari.

« Attendons trois jours, lui dit-elle, de sa voix la plus douce ; je vais de nouveau supplier ma mère de me donner son consentement ; si elle persiste, venez reprendre votre femme, je vous suivrai partout ; mais si elle consent, nous nous remarierons comme les autres. » Elle lui jeta le regard le plus tendre en lui disant : « Patience, *Binamé*, trois jours sont vite passés ; nous aurons gagné les pardons de St-François. »

Au sortir de l'église, ils franchirent la foule, se donnèrent la main et retournèrent chacun chez soi.

Retournons au presbytère avec le fermier et son fils.

Chemin faisant, Mathot admirait la force et la carrure du jeune homme, et satisfait de son vêtement, il ne regrettait plus autant le vide qui s'était fait dans sa bourse. Et d'un ton très-sérieux, il lui dit : Songez, mon garçon, *qui des chirès bague comme çoula divet durer vingt-cinq an*

— Et si je grossis ?
— *Ah ! bin, valet, elles sont faites so crehinse.*

    N'allez nin, m'fils, lever trop haut vosse tiesse,
    Et n'tapez mâie les ouhe po les finiesse.

Pour démontrer à son père qu'il devenait un homme utile, le jeune Louis fit valoir tous les services qu'il rendait à son parrain Rigo.

« Je suis allé commander une demi-tonne de bière chez Bouhy et une chez Ronveaux à 40 patars la demi-tonne ; c'était pour les comparer et savoir où il conviendrait de commander une brassée. Quant à moi, je trouvais la bière Ronveaux meilleure parce que *Marie Apollône*, la fille, est *bin binaméie;* mais mon parrain a trouvé qu'on devait aller chez Bouhy, *jus d'la Moûse, à l'coine dè pont d'saint Julin.*

Voyez, père, vous qui faites la bière à la ferme, voici les prix d'une brassée, à Liége :

28 février 1788.

Brasser deux muids, pour l'impôt	fl. 14-00
Pour quatre stiers froment.	» 13-12
Pour un muid épeautre.	» 11-00
Brahage, moulage, houille et façon . . .	» 8-00
Pour 16 livres de houblon (1) à 1 florin. . .	» 16-00
Le brassin. .	fl. 62-12

62 florins de Liége (2).

Je tiens également note des pains livrés par

---

(1) Le prix des houblons variait beaucoup. En 1785, Galopin vend à un couvent 530 livres houblon à 18 florins de Liége les cent livres. La tonne de bière, 4 florins liégeois.

En 1786, les 16 livres de la brassée sont portées à 6 florins 10 patars.

En 1782, 16 livres houblon sont comptées à 3 florins 4 patars. Nous employons les mots que nous trouvons dans les factures et les comptes.

Une brassée de bière à la ferme Mottart, à Voroux, le 10 novembre 1713 :

Nous trouvons dans les comptes de la ferme : J'ai brassé six florins de froment, un muid espeaute et trois florins de houblon, sur quoi j'ai eu neuf tonnes de bonne bière et neuf de petite.

(2) Valaient 76 francs.

M. Dupont; ils sont diminués, je paye le pain mêlé à 24 liards.

— Un liard de diminution, tant pire! le grain va baisser, répondit le fermier.

— Je suis allé acheter le poisson qui paraîtra au dîner, chez Mademoiselle Stoul; les écrevisses et l'anguille tournée, chez Mademoiselle Mouton, sur Avroy. On est plus sûr d'avoir du frais qu'en achetant au rabais chez Robert (1). Vous connaissez n'est-ce pas mon père, ce cri : *todi pu gros !* (2) de la vente au rabais. C'est un bien bon commerce.

Les bouchers Beaujean, Sauvage, Warnotte et Masset, laisseront la viande de mouton et de veau à 19 liards la livre; la viande de bœuf et de porc à 22 liards. Ce sont les prix faits pour les couvents. C'est la femme Grailet qui apporte le beurre à 9 et à 10 sous la livre.

— Je dois retourner à Bierset aujourd'hui soir, reprit le fermier, et comme vous faites si bien vos commissions, demain vous irez changer ces thalers (3) et ces papiers chez les demoiselles Ver-

(1) Les noms et les prix sont tirés des vieux papiers de l'époque.

(2) Vente à la criée. Une corde élevée sur des pieux en fer de trois pieds faisait garde corps et séparait les acheteurs des vendeurs. Cette vente se faisait encore en 1825 place St Lambert.

(3) Dans les vieux papiers de commerce ils écrivent Dalers.

court, chez Nagelmackers ou chez Blochouse (1), et vous payerez les comptes que nous allons revoir ensemble. Voyons la facture de Melle Delsatte, née Wilkin. Pour la ferme Mathot :

10 aunes coton violet à	52 patars.
10 » cotonnade à bouquets	24 »
Un bonnet pour la cinseresse.	
Façons : rubans, garniture à papillons	fl. 5- 9- 1
» et fourniture d'une pelisse . .	» 6-17- 0
Une jupe de moutonne	» 6- 0- 0

(1) Les maisons de banque Vercourt, Blochouse et Gérard Nagelmackers, étaient connues avant 1770. Nous possédons aussi des effets de commerce acquittés par les maisons Terwagne, Cerfontaine et Robert, en 1787, et de J.-G. Dubois en 1792. Les dames Vercourt étaient à la tête des affaires de banque; elles occupaient les principaux bureaux.

On ne désignait pas la maison autrement que chez les demoiselles Vercourt. Ces dames continuaient à mériter la belle réputation acquise par les Liégeoises nos bisaïeules. Nous nous rappelons avoir vu les demoiselles de ces dames au premier quart de ce siècle faisant les fonctions de caissier et comptant les couronnes de France et les louis d'or sur table à rebords au tour. A la fermeture des bureaux, elles brossaient la dite table à la patte de lièvre, pour recueillir les petites paillettes tombées.

Beaucoup de maisons de commerce étaient tenues par des dames. Nous voyons au siècle dernier, la veuve Coune et comp., l'épouse Accault de Protée, Wilkin, etc. Plus tard, on distingue les dames Beyne, Gasquy, Raikem, Coheur et beaucoup d'autres.

UNE AUTRE.

Avril 1788.

Monsieur Mathot, cinsier, à Bierset, doit à Franç. Gasquy:

   Une paire de bas de soie fort. . . flor. 11-0-0
   2   id.   de fil chiné. . . » 2-15-0
   6 aunes serge brun . . . . . »   4-5-0 (1)

On montrait à Mme Deltour de *Tanneurue* (2) du beau coton anglais à 40 patars l'aune, et j'ai vu vendre, à Monsieur le prélocuteur Parmentier, 27 aunes toile demi-Hollande à 45 patars et 2 1/2 aunes batiste à 70 patars.

A peine le fermier eut-il donné ses instructions à son fils, qu'on entendit le curé Rigo appeler son filleul. Louis, Louis ! venez m'aider à placer les invités et les bouteilles ; surveillez et ne salissez pas *vosse noû frac*, votre frac neuf. Ils sont tous arrivés, midi un quart ! — A table !

Installation.

Une heure après la belle messe, le révérend curé Rigo, surchargé de compliments et de félicitations, réunissait une vingtaine d'amis, des personnages influents et des prêtres de tous les

(¹) Les prix sont en florins de Liége, et d'après les factures de l'époque, 1 florin de Liége = 1 fr. 18 centimes.
(²) Rue des Tanneurs.

genres à une table de fête. Le repas fut succulent, bien servi et abondant ; le domestique d'un membre du Chapitre servait et la servante du curé Delchef avait préparé la cuisine (1). Je vous assure que rien n'y manquait. Mathot avait envoyé des pigeons de la ferme et un cochon de lait pour renchérir sur les congratulations d'usage.

Le dîner dura longtemps, car il y avait beaucoup de plats. Notre nouveau curé avait consulté le livre de cuisine de Lancelot de Casteau, le grand cuisinier des princes-évêques de Liége, Robert de Berg, Gérard de Groesbeck et Ernest de Bavière. Il avait choisi quelques plats dans le festin mémorable donné à l'occasion de l'entrée de Robert de Berg, en 1557 (2).

(1) Liége est une ville où l'on fait bonne chère ; on reproche même à la nation d'être portée à l'excès, principalement à la boisson. (*Essai sur le pays de Liége.* DESCHAMPS, 1784.)

(2) On avait ordonné au meilleur cuisinier d'apprêter trois tables au Palais épiscopal. Une de soixante couverts, une de trente et celle du prince de cinquante.

Au premier service, on comptait 24 plats parmi lesquels on remarquait un héron rôti, une grue et un sanglier également rôtis.

Le second service était de 29 plats, parmi lesquels se distinguaient un butor et un cigne.

Le troisième service n'avait pas moins de 46 plats : toutes les venaisons rôties froides avaient les pieds dorés, tous les pâtés dorés aussi, portaient des banières. Enfin, le quatrième service, également de 46 plats, était composé de confitures, de sucreries, de compotes, de gelées et de marmelades.

(H. HELBIG. *La haute Cuisine à Liége, au XVIe siècle. Bibliophile belge*, tom. II.)

— Comment mange-t-on ces laides bêtes, demanda le fermier à son voisin, le père Antoine, un capucin qui était aussi rond au physique qu'au moral, fort ventru et farceur ?

— *On les magne hâgne et tot, les ci qu'on des bons stoumac : c'est des grevesse.*

J'a mâ mes dint, dit le fermier qui flairait la mystification.

Le capucin partit d'un éclat de rire, en suçant les écrevisses, qui faisaient boire davantage encore. La conversation variait et s'animait peu à peu.

« Pourquoi, demanda une des sommités à l'amphitryon, refuse-t-on le consentement aux jeunes gens mariés, ce matin, devant votre autel ?

— Vous savez, Monseigneur, répondit le curé, que la position la plus honorable et la plus douce, dans notre sainte principauté, c'est d'être prêtre ; mais cette charmante carrière laisse beaucoup de jeunes filles riches sur le pavé, à moins qu'elles n'aiment d'abriter leur vertu dans un couvent et d'y faire leur salut. La jeune demoiselle en question a perdu son père ; elle possède une grande fortune ; les parents paternels désirent vivement faire une petite nonnette de leur nièce, fille unique, et partager l'héritage avec le couvent qui aurait le bonheur de posséder un trésor pareil.

Le Chapitre et l'Official auront à décider la question. Quant à moi, Monseigneur, je connais mes deux paroissiens, je ne puis donner sur eux que de bons renseignements ; le jeune homme a de la conduite, il est fils légitime et de la corporation des chapeliers.

L'intrigue joue un grand rôle dans cette affaire, jugez-en, Monseigneur, continua l'honnête curé Rigo ; voici un certificat bien certainement arraché à la mère abusée :

« Je soussignée, Elisabeth-Pétronille M....,
» veuve de feu Henri W...., après le rapport vé-
» rifié de l'inconduite de ma fille Thérèse W....,
» consens à ce qu'elle soit recluse dans un lieu
» sûr et pieux, à cette fin d'éviter les scandales
» ultérieurs, pour la conservation de sa santé et
» pour le salut de son âme. En foi de quoi j'ai
» signé.

» Liége, le (1).   Elisabeth-Petronille M...,
                                  veuve H. W... »

— Laissons décider cette affaire par le synode, disait le petit capucin, *à vosse santé, cincî!*

Notre fermier, père d'une nombreuse famille,

---

(1) Nous possédons un certificat exactement semblable, signé par la mère, 4 juin 1793.

avait les yeux humides en pensant à cette malheureuse fille qu'on voulait enfermer comme une criminelle. Pauvre enfant, disait-il; puis, pour se consoler, il avala rubis sur l'ongle le bourgogne qui remplissait son verre grêlé (*frèsé*).

— Qu'est-ce que cela nous fait? dit un autre convive. Rions, buvons, chantons et laissons débrouiller cette petite commère tant recherchée.

— Bravo ! crièrent les invités. Fêtons notre confrère Rigo : il va vite à l'autel.

— Un instant, reprit Rigo, je ne dis pas la messe aussi vite que le bénéficier Roba. On raconte qu'il y a quarante ans, il célébrait les trois messes de Noël en une demi-heure. Oui, mais il s'attirait des punitions et des désagréments (1).

— A votre santé, confrère. Et les verres de s'entrechoquer, résonnant en notes brillantes qui faisaient penser au carillon de Saint Lambert.

— Voyons, capucin, chante !

— *Jè l' vous bin, Monsigneur*, mais je ne sais que de vieilles bêtises.

— *Allez todi.*

— *Qu'on répète.*

---

(1) Registre n° 186 des décrets et ordonnances du Chapitre cathédral de Saint-Lambert, à Liége, 1748, folio 269.

Boume bouboume à saint Lambiet,
C'est là qu'les chenône breyet (1),
Avou leu qwârés bonnet.
Di-gnè! di-gnè dang' dadangue. (*bis*)
    Les clok di saint J'han,
    Qu'est-c' qu'èls a sonné?
    C'est l'houlé Bietmé.
Boume bouboume à saint Lambiet. (*bis*)

Loukiz, volà sainte Bablenne,
A nouds bresse elle bowe à l'tenne,
Qui l'sav'neur monte à s'narenne.
Di-gnè, di-gnè dang' dadangue.
    Les clok di saint J'han,
    Qu'est-c' qu'èls a sonné?
    C'est l'houlé Bietmé.
Boume bouboume à saint-Lambiet. (*bis*)

Ti, pauve feumme et ti, pauvre homme,
Magne so t'pan des cûtès pomme.
Po l'sonneu les crâs boquet
Et po l'mârlî d'saint Lambiet.
    Les clok di saint J'han,
    Qu'est-c' qu'èls a sonné?
    C'est l'houlé Bietmé.

Dame d'à l'clok, maisse d'à l'creux d'aur,
Qu'a l'cour blamant comme on fòr,

(1) Nous devons changer la rime de cette vieille rapsodie.

Va sonner avou Hinri;
On dit qu'elle li fret mori.
  Les clok di saint J'han,
  Qu'est-c' qu'èls a sonné?
  C'est l'houlé Bietmé.
Boume bouboume à saint Lambiet.

Le vin et l'entrain du rond capucin engageaient les convives à rire de sa vieille chanson ; comme om répétait le refrain ! comme les voix montaient ! emfin la gaîté était des plus franches et des meilleures.

— A votre santé, capucin.

— A la vôtre, sa Grandeur. *Quél bon vin!*

Un grand maigre dominicain, homme influent, pœte, savant et fort laid, attira l'attention.

— A votre tour, révérend père, vous avez préparé quelque chose probablement?

— Non, Monseigneur, mais chanter n'est pas péché ; je vais obéir en prenant pour sujet notre saint et bon pays de Liége.

NOSSE BON PAYS.

Ciàl tos les jou, nos fiestans quéqu'grand saint,
Pâque et l'Céquèm, les Ame et l'jou d'Tossaint,
Puis les baptème, les obséque, les mariège,
So nosse molin amône fiesse et wagnège.

Lîge est-on bon pays,
Mathî,
On s'y fait des bodenne,
Tatenne,
Et des rogès narenne.

A n'novelle plèce quand on fait des curé,
Diseur où d'sos à tâve on vout d'morer ;
Et qwand l'novice va payi n'bonne intrêie
Nos les k'fessans, puis nos gostans l'heurêie.

Lîge est-on bon pays,
Mathî,
On s'y fait des bodenne,
Tatenne,
Et des rogès narenne.

Cial li chère dime remplihe nos bais covint ;
Totes les çorwaie c'est po nos paroissien,
A qui nos d'hans : vos àrez cire et térre,
Payîz des messe, des chandelle, des pâtér.

Lîge est-on bon pays,
Mathî,
On s'y fait des bodenne,
Tatenne,
Et des rogès narenne.

Louans l'grand maisse, nosse binamé bon Diu ;
C'est lu qu'fait crèhe les troque pleintes di bon jus.
Ragottans bin ces vénérâbe boteye :
Po crèhe ine gotte il fât in an d'nosse veie. (1).

(1) Il faut un an pour produire un grain de raisin, disait-on chez nos vieux parents.

> Lîge est-on bon pays,
> Mathî,
> On s'y fait des bodenne,
> Tatenne,
> Et des rogès narenne.

Avant de rire, tous les yeux se portèrent sur les personnages influents. Celui qu'on nommait si révérencieusement Monseigneur, eut le bon esprit d'applaudir et de répéter le refrain pour une seconde fois.

Le dominicain eut un grand succès; on partageait son opinion, son refrain fut si bien répété que les passants s'arrêtaient devant le presbytère pour entendre les chants.

De temps en temps, le tréfoncier, Monseigneur de Poitiers, prévôt, archidiacre et grand chancelier de Liége donnait, de nouveau, le signal et la mesure pour répéter en chœur :

> Lîge est-on bon pays,
> Mathî,
> On s'y fait des bodenne,
> Tatenne,
> Et des rogès narenne.

Notre respectable curé Rigo, tout heureux de donner une fête si gaie et si bien réussie, fit apporter dix nouvelles bouteilles de bourgogne, puis il dit à ses invités : Messeigneurs et mes révérends confrères me permettront-ils de remplir mes devoirs ? Je vais chanter les Vêpres ; dans une heure je suis à vous.

A peine était-il sorti, qu'un petit vieux qui avait caché son nez violet sous la coquille d'une écrevisse, se mit à chanter ces quelques phrases baroques :

> Abraham Christophorus,
> Et d'ci ! et d'là ! Belgrâde,
> Et Jérusalem lem lem,
> Et Jérusalem lem lem (1).

C'est du latin, demanda le fermier à son voisin.
— De cuisine, répondit le capucin.

Malgré sa bonne tête, le fermier Mathot ne pouvait résister aux nombreuses libations du capucin, qui ne laissait jamais les verres vides... ni remplis. Il eut la bonne idée d'aller respirer le bon air au jardin. Quelques-uns de nos joyeux compagnons le suivirent, et là, tout en se promenant on causa de nouveau du mariage de la matinée.

— J'ai eu la même chose il y a quelque temps, dit le curé Légipont, de la paroisse de St-Georges

(1) Refrain que les anciens chantaient quand ils étaient en train.... de boire.

en Féronstrée. Prenons place sur ce banc ; je vais vous conter la chose :

- Vous connaissez tous comme moi, l'ancienne et très-noble famille de La Marck ? Inutile de m'étendre sur leurs quartiers de noblesse, sur leur puissance dans notre pays, ni sur les biens considérables que cette famille possédait. Vous savez également que des de La Marck sont arrivés aux plus grands honneurs, exemple : *li prince Markâ !*

— Eh bien, arrivez !

— J'arrive. Les deux plus jeunes fils du baron Frédéric viennent de partir pour la Hollande et de là pour Java (1).

L'aîné des trois, resté seul héritier du nom, est entré comme sous-lieutenant dans l'armée de notre bien-aimé prince, *divins les sôdârt d'à nosse.* Ceci dit, apprenez que notre beau sous-lieutenant s'est amouraché d'une charmante jeune fille, Mademoiselle de Limbourg ; cette jeune personne a tout pour elle : beauté, esprit et mille autres qualités, plus la fortune.

Mais la chose principale manquait, elle n'était pas d'un sang noble !

Le baron Frédéric de La Marck, le père, s'op-

(1) Historique. Ils s'embarquèrent en 1788 ; on n'a jamais eu de leurs nouvelles.

posa formellement à cette alliance, et il y a trois mois, ayant appris que son fils continuait à fréquenter cette bourgeoise, il obtint par sa puissance l'ordre de le faire arrêter et enfermer, pour avoir osé aimer et rechercher une demoiselle trop peu blasonnée.

Sachez donc que le beau sous-lieutenant ne resta pas longtemps séquestré dans le couvent des capucins. Homme d'énergie, il sut aplanir tous les obstacles et franchir les plus grandes difficultés pour retourner près de celle qui lui avait inspiré une vraie passion.

Patience, j'arrive. Ce fut un dimanche de très-bonne heure; les révérends pères capucins, ne voyant pas descendre le jeune homme pour assister à la messe, firent des recherches, mais inutilement; il avait pris la clef des champs pour s'informer où pourrait se trouver sa belle infortunée. Je n'ai pu savoir, ajouta le curé Légipont, pourquoi Mademoiselle de Limbourg était aussi enfermée dans le couvent des capucines. Etait-ce désespoir, était-ce sur la demande du baron Frédéric?

Ce que je sais, mes chers confrères, c'est que l'amour donne du courage et de la résolution; vous en jugerez. Notre amoureux court en toute hâte, il s'informe partout aux connaissances, à la famille, bref! il apprend que celle qu'il aime est enfermée et que personne ne peut la voir!

Notre officier oublie toutes les convenances, il brave l'orgueil aristocratique de son père. Lui, descendant de la noble famille des de La Marck, n'écoutant que la passion, il enlèvera d'assaut Mlle de Limbourg.

Le jeune baron court à l'instant même au couvent des capucines (1), demande à parler à celle qu'il adore; il emploie toute son éloquence auprès de la sœur tourière ; celle-ci répond à toutes les supplications par ces mots : impossible! impossible! personne ne peut la voir ; ni parent, ni ami, personne, vous entendez, on ne peut la voir ni lui parler.

— Ma très-chère sœur, je vous en supplie?

— Non, cher frère! Non, non! Et la sœur reste inflexible.

— Eh bien! dit alors le jeune homme en désespoir, donnez, je vous en prie, chère sœur, donnez à Mademoiselle de Limbourg, cette pièce d'or, dites lui, je vous en supplie, qu'elle prie et qu'elle fasse prier pour le baron Louis de La Marck.

L'or, voyez-vous, a toujours été un argument irrésistible et la preuve en est, dit le curé de St-Georges, en riant, que la sœur tourière avança

(1) Historique.

son bras à travers la grille du parloir pour saisir un souverain tout neuf, un double Louis d'or! En ce moment, un bras de fer saisit le bras de la religieuse trop confiante, et de sa main libre notre officier exaspéré dirigea un pistolet sur cette pauvre sœur portière, plus morte que vive. Je jure, s'écrie-t-il, d'envoyer votre âme à Dieu ou au diable si à l'instant même vous ne faites venir la personne que je vous demande et que j'aime (1).

Le bruit de cette scène terrible attira les sœurs les plus courageuses de la communauté; toutes elles décidèrent qu'on ne pouvait résister à un langage aussi expressif. Il fallut ouvrir les portes du couvent à l'intéressante recluse.

Et sans lâcher le bras de la tourière, notre amoureux dit à l'oreille de sa bien-aimée : de ce pas, rendez-vous à l'église de Saint-Georges, on va dire la grand'messe, nous l'écouterons ensemble. Allez, lui dit-il, allez, cher ange, et que Dieu vous garde.

— Tout ça est la vérité, dit le petit rond capucin, en poussant sa tête, rouge comme le vin, entre le fermier et l'orateur. *No-Mère* (2) me l'a raconté.

(1) Historique.
(2) Mère-Abbesse.

— *Taihiz-ve!* capucin, dit le curé. J'arrive à la fin.

Le groupe des chères *Ma sœurs* augmentait à chaque instant la frayeur, et l'émotion le rendait plus intéressant encore ; ces dames s'agenouillèrent, puis *No-Mére*, toute tremblante, récita une prière qui fut répétée par l'assemblée.

Grâce ! grâce ! cher frère, criait la tourière, vous me faites mal. Grâce pour l'amour de Dieu.

Il lâcha la sœur, puis il visa la mère Abbesse, en lui disant : Je vous préviens, révérende mère, que mes hommes sont aux portes du couvent : si quelqu'un sort avant midi, on tirera dessus tant qu'il succombe ! nous sommes résolus à tout.

La résolution, les yeux pleins de colère de ce furieux et par-dessus tout l'œil du pistolet firent baisser toutes les têtes ; ces pauvres femmes se sauvèrent dans l'endroit le plus reculé du monastère. Une jeune béguine eut le courage de rester pour fermer la grande porte de la rue. « Soyez heureux, mon frère, dit-elle, et que le bon Dieu vous conduise. » Elle était probablement la confidente de la chère colombe ; car en rentrant dans le cloître, elle soupirait tout bas en disant : « Comme ils s'aiment ! sont-ils heureux ! » Une larme tomba sur son triste costume.

Maintenant, dit le curé de St-Georges, vous devinez le reste.

— Comment, cher doyen, connaissez-vous tous ces petits détails ?

— Ne suis-je pas le confident du monastère, le confesseur même (1) ; ceci est une chose publique. Bref, le baron Louis avait tout prévu, le jour était un dimanche, et pendant que je célébrais la grand'messe, ils déclarèrent publiquement et devant Dieu, se prendre pour époux et se jurèrent une fidélité éternelle.

La différence à établir entre le mariage que nous avons vu aujourd'hui à St-Adalbert, et l'alliance du jeune de La Marck, c'est que ceux-ci étant plus pressés, quittèrent ensemble et au plus vite pour échapper aux poursuites du puissant baron Frédéric, leur père, et pour se raconter mutuellement les souffrances endurées pendant la séparation (2).

Le bon doyen de St-Georges avait un fin sourire

(1) L'honorable curé-doyen de St-Georges, à Liége, M. Légipont, recevait tous les ans 60 florins liégeois pour confesser les sœurs du couvent des Anges (Jusqu'en 1789).

(2) Les personnes qui ont eu l'obligeance de nous donner ces renseignements, croient généralement que ce mariage fut le dernier du genre, sous l'ancien régime. Le baron Frédéric les fit poursuivre pour les cloîtrer de nouveau, comme débauchés ; l'un devait aller dans une maison de correction ou de force, l'autre aux Repenties, *àx R'pintenne*. Mais notre heureux couple eut le bonheur d'échapper à sa vengeance jusqu'au jour où Dumouriez vint à Liége. Alors tout fut changé. Mais d'après nos vieilles coutumes, Louis de La Marck et Mlle de Limbourg étaient époux légitimes.

sur les lèvres en finissant sa phrase ; la petite assemblée ne se méprit pas sur son arrière-pensée ni sur la malicieuse grimace du rond et joyeux capucin.

Les cloches de la paroisse avaient un moment cesser de *triboller* à joie ; elles recommencèrent de plus belle pour annoncer la fin de la cérémonie. Dans les jardins du voisinage, on tirait des coups de fusil et des carillons de boîtes ; enfin, les paroissiens fêtaient dignement leur nouveau pasteur.

Entre six et sept heures, le révérend curé Rigo avait complétement fini sa journée, et, tout heureux, il vint annoncer à ses convives qu'une dinde salée, un jambon et le reste attendaient les soupeurs.

Ils recommencèrent comme des gens qui n'ont pas diné, si bien que ce second repas fit dire par l'une des servantes : *J'aimereus mî d'les chergî qui d'les impli.*

Le vin était abondant ; vous dire tout ce qu'ils chantèrent serait chose impossible ; ils étaient décidément trop gais. Chacun avait son tour. Un seul échantillon :

> Père capucin
> Confessez ma femme,
> Père capucin
> Confessez-la bien.

— Un autre :

> On sav'tî qui fait des soler,
> Binamé cusin, binamé cusin,
> On sav'tî qui fait des soler,
> Binamé cusin Noïé !

— Un autre :

> Quél plaisir d'esse on récollette,
> Po z-avu n'capuce,
> Po z-avu n'capuce,
> Po châssî so s'maquette (1).

— Le suivant :

> L'autre jour, la belle et jolie femme,
> A fait la cour à deux Meneux,
> Il avît si freud,
> Il avît si freud,
> Les deux Meneux.

Que de grosses bêtises, ô mon Dieu ! arrêtons-nous ici. A onze heures trois quarts, ils étaient encore là, excepté le fermier qui était parti en catimini : trois *varlets* étaient venus l'attendre dans le faubourg pour l'accompagner jusqu'à Bierset.

Le fermier Mathot avait remonté le faubourg

---

(1) Le révérend père récollet Ancion, le grand promoteur des calvaires dans le pays de Liége, fit taire le chanteur.

bien satisfait de sa journée ; il avait vu son fils
Louis habillé comme les beaux messieurs aux
bonnes manières ; il avait recueilli des conseils
du doyen Légipont sur les poires, les greffes et
les arbres à fruits. — Vous viendrez goûter mes
poires de Légipont, lui avait dit le doyen.

— Avec plaisir, avait répondu le fermier. Venez,
je vous en prie, venez voir mes progrès dans la
culture du nouveau légume, la pomme de terre ;
faites-moi l'honneur, mon très-révérend doyen,
de passer quelques jours chez nous, à la ferme de
Bierset.

Cette nuit même, dans les rues étroites du
quartier de l'île, plus d'un paroissien fut réveillé
par des groupes d'ombres noires vacillantes.

Quand les yeux étaient habitués aux ténèbres de
la nuit, ils pouvaient distinguer des hommes couverts de manteaux noirs, faisant résonner de
grosses cannes sur le pavé, comme pour effrayer
les voleurs. En tête d'une de ces petites compagnies marchait un jeune homme portant d'une
main une lanterne, tandis que son bras droit avait
beaucoup de peine à supporter le poids d'un gros
corps tout rond. Courage, disait le jeune Mathot
au capucin, nous arrivons. Que tenez-vous à votre
main droite? — Une bouteille presque pleine, mon
fils, elle peut me servir pour me défendre au

besoin ; mais je préfère la donner au frère portier, pour qu'il ouvre bien doucement la petite porte à mon signal sans m'obliger à sonner la cloche.

La tête du lourd capucin retomba sur sa poitrine et sans plus pouvoir parler, il se laissa traîner jusqu'à son couvent.

Les suivants étaient mieux conservés et plus tapageurs, ils se reconduisirent en chantant et en se faisant des niches. L'un cherchait à faire tomber son confrère dans la boue ; un autre appelait le sien par son nom en passant devant les couvents de religieuses. Un autre encore, pour éveiller les sœurs, criait : *Taiss-tu! ti va dispierter les bèguenne.* Ensuite..., mais il est tard : passons.

Puis, revenant sans cesse au meilleur morceau de musique, on entendait dans toutes les rues, sur leur passage, comme un écho qui murmurait :

Lîge est-on bon pays,
Mathî,
On s'y fait des bodenne,
Tatenne,
Et des rogès narenne.

CHAPITRE III.

1789 à 1804.

Lettres et vieux papiers.

Pour arriver au mariage de Louis Mathot, filleul du curé Rigo, qui fut célébré en 1804, nous avons à traverser la grande révolution.

Quel immense bouleversement, que de ruines accumulées ! Les hommes et les choses, rien n'est plus à reconnaître.

D'abord, nos correspondants de ce temps n'écrivent que pour parler de la misère. Nous ne pouvons mieux faire que de citer quelques passages de leurs lettres, comme première esquisse.

ADRESSE.

Monsieur, Monsieur N. Delsatte,
marchand très-renommé, etc., etc.,
à la Couronne impériale, rue pied du pont d'Arche,
à Liége.

Liége, 20 septembre 1789.

Monsieur,

Par grâce, accordez-moi encore un dernier terme pour le courant du mois ; je n'ai pas le courage de vous en dire davantage.

Ménagez mon honneur, etc., etc.

(UNE AUTRE LETTRE.)

Spa, 4 août 1789.

Je n'ignore pas que je vous dois ; mais la saison est si mauvaise qu'il m'est impossible de vous donner un à-compte, ni la moindre des choses. Les vivres sont d'une cherté si excessive qu'à peine si on peut gagner pour du pain, etc., etc.

(UNE AUTRE.)

Maestricht, 29 novembre 1789.

Monsieur D..., à Liége.

Puisqu'il n'est que trop vrai que les troupes sont en marche pour votre ville.... On nous raconte tant de merveilles et tant de préparatifs, nous vous prions de nous faire connaître ce qui se passe chez vous, pour notre tranquillité, car nous sommes dans l'inquiétude.

Nous voyons tant de personnes de votre ville se réfugier ici avec leurs effets....

(UNE AUTRE.)

Amay, la veille du dimanche
de la passion, 1792.

Mon cher Monsieur,

Je vous prie de patienter encore quelque temps pour l'échéance de l'an 1792. Dès qu'on m'aura engraissé les pattes, nous nous empresserons de vous graisser les vôtres. Excusez mon badinage de carême et faites mes compliments à Melle Wilkin, votre épouse.

J'ai l'honneur d'être, avec estime, votre, etc.

Le chanoine DE HASELMANN.

(UNE AUTRE.)

Liége, le 15 septembre 1792.

Monsieur,

Je ne peux placer les vins que vous avez envoyés; il n'y a pas d'argent. Je puis vendre une pièce Veaune fl. 200-00 en assignats, à Monsieur Cleinge. Dites-moi si je dois vendre à ce prix.

(ENCORE UNE D'UN AUTRE GENRE.)

Trongnée, le 31 janvier 1793
l'an II de la République.

Citoyen Général !

Les citoyens du village de Trongnée, pays de Liége, pénétrés des sentiments français, et connaissant par les preuves sensibles l'étendue de vos bontés, vous supplient d'avoir égard à leurs représentations.

Depuis le 1er novembre dernier, les Autrichiens nous ont employés sans relâche à conduire leurs bagages, ainsi que les fourrages que nous leur fournissions. Tous tombaient sur nous sans savoir où donner tête.

Depuis le 1er décembre, que, modérément (1), il est vrai, néanmoins, Général, il nous reste encore à aller chercher les vivres de nos frères les Français, à les soulager pour les conduire aux hôpitaux. ce que nous faisons de cœur et d'affection, fâchés que nos secours ne peuvent entièrement les mettre aussi à l'aise qu'il le méritent... Voilà, citoyen Général, notre manière de penser envers vos soldats.

Depuis trois mois, nous n'avons pu nous occuper de donner à nos terres les engrais qu'elles réclament et si vous exigez que nous fournissions encore à d'autres services, nous serions privés de leur donner ce qui leur est tant nécessaire pour nous fournir les vivres et les fourrages que nous partagerons toujours volontiers avec les Français.

Nous vous supplions, vous Général, d'avoir

(1) Copie textuelle.

égard à notre situation. Les villages voisins sans troupe peuvent aussi faire des sacrifices.

Nous sommes persuadés que vous voudrez bien, Citoyen Général, prendre en considération notre demande.

C'est la grâce que les soussignés demandent.

J.-P. Dupont, *régent*. — J. Brone, *fermier*. — J. de Kemexhe, *régent*. — J.-F. Wauthier. — H.-J. Bolline, *secrétaire*. — N. Tilman, *mayeur*.

Une de nos lettres est adressée de la sorte :

A Monsieur

Monsieur Moreau, jadis Lieutenant Drossard, de Herstal, procureur très-émérite, devant la Cour de Herstal, dans sa résidence de et à Coronmeuse.

CHAPITRE IV.

1789 à 1803.

Petits détails sur la révolution. — Baptême. — Fêtes à Liége, etc. — Remède. — La citoyenne Sprimont.

Les temps sont bien changés. Les mariages poudrés des comtes et des marquis sont bien loin. Il se fait un grand débit de cocardes. M. de Fromenteau bénit à la cathédrale de St-Lambert les drapeaux de la garde citoyenne; sur l'un St-Nicolas, sur l'autre St-Séverin, sur tous deux le pérron. Voilà les fêtes du jour.

Il faut chasser les palatins de Maeseyck : bon voyage et bonne chance, Fabry, Donceel, Dellecreyer !

Les évènements marchent. Le 7 décembre 1792, ce sont les Français, qui, non contents de leurs *cadeaux de St-Nicolas*, portent au *lombard* une grande partie de l'argenterie de la riche église de St-Lambert.

Ces messieurs trouvent très-commode de se

loger dans les églises St-Barthélemy, St-Jacques et St-Lambert. On remise les canons dans l'église du Séminaire; les caissons vont aux Récollets; les églises des Carmes et des Mineurs, magasins; l'église des Augustins, magasin à foin; enfin l'église St-Adalbert, paroisse du curé Rigo, est changée en écurie pour les chevaux de l'armée française.

La superbe argenterie de St-Jean-l'Evangéliste ainsi que les richesses de Ste-Catherine sont enlevées par messieurs les Français (1), comme objets d'art, sans doute.

Le 9 août 1793, on enlève les immenses toits de plomb de la Cathédrale, on brise les cloches et les images des saints. Les belles statues, les tableaux, nos superbes mausolées, *li prince Markâ*, doré à l'épaisseur d'un ducat, tout s'enlève, s'éparpille ; tous ces trésors remontent vers Givet.

— Et les mariages ?

— Parcourons ensemble cette humble supplique de neuf pages, adressée à Messieurs de la Commission, à Stavelot :

« Ce n'est pas sans douleur que Messire le comte de Murat, émigré français, se cherchant dans un pays de Stavelot, jadis le foyer de la religion, un abri sûr contre les injures du temps révo-

(1) Notes prises jour par jour, par Mouhin.

lutionné, dont toutes les honnêtes gens devaient être la victime....

» Mademoiselle Chantrenne occupant la cense, à Rennes, lui ayant permis asile ou la pension chez elle.... Les nommés Delvaux, notaire, Henri Squelin de Ferrières et N. Delsatte, prétendus députés de leur commune, se sont rendus le 5 décembre dernier, 1792, armés et usant de force et de violence, ils ont enlevé six chevaux évalués à 190 louis, avec leur équipage appartenant au seigneur Murat et à ses deux fils.

» Les six chevaux étaient tout sellés et bridés avec leurs pistolets. Pendant cette opération, le dit Delsatte ne cessait de vomir des juremens et blasphèmes, et mis au sieur comparant quantité de fois les pistolets à l'estomac, etc., etc. »

Allez donc trouver des mariages dans un dédale comme celui-là? Ici des femmes sont jetées en prison ; là-bas des prises de corps avec saisie des biens, meubles et immeubles ; puis les persécutions de toute nature....

Les demoiselles sont obligées de se cacher pour éviter les regards trop aimables des Danois, des Uhlans ou des Français. Les églises sont démolies ou fermées ; les prêtres sont cachés ou en fuite, d'autres sont massacrés ou fusillés (1).

(¹) Bassenge a sauvé quantité de prêtres en les faisant descendre jusqu'au fond des houillères.

Qui mariera, qui baptisera ?

Nous sommes au temps des déesses Raison et Liberté. Celle qui règne sur l'Europe a pour sceptre un poignard et pour trône l'échafaud, dont les marches sont formées de cadavres ; cette déesse au règne de sang se nomme la Terreur !

On ne se reconnaît plus ; tout est anéanti ; on ne songe plus au lendemain.

Mais il y avait des naissances, nous dira-t-on ; oui, certainement, on baptisait les enfants en famille et en cachette. Mais quoi ! Le temps de la destruction est-il celui des amours ? Une poule pourrait-elle couver entourée de renards et de loups ?

On trouvait pourtant des moments de répit, et l'on en profitait à cœur joie. Et enfin, les mœurs et la religion sont tenaces, en dépit de toutes les violences. Il n'y avait plus de prêtres ni d'églises; patience ! On improvisait, en attendant, une chapelle dans un souterrain, dans une cave, dans une roche ou dans toute autre pièce bien cachée.

Dans un quartier reculé, nous connaissons une pièce au rez-de-chaussée, entre cour et jardin, qui avait servi à cet usage. C'est là, me disait ma mère, que j'ai fait ma première communion. Là se trouvait l'autel ; ici j'ai été marraine à l'âge de douze ans.

Je me souviens, disait-elle, de la sombre pièce transformée en chapelle ; d'un grand trou fait dans le mur du voisin et caché par un tableau. C'est par là que les fidèles venaient assister à la messe (1). Je vois encore un gros paysan, portant un vieux sarrau troué, un bâton à la main, de gros souliers chargés de boue et d'une paire de boucles en étain ; il portait un vieux chapeau gros et bossué, une cravate rouge et jaune en coton ; sa culotte râpée et son ajustement ne pouvaient indiquer qu'un pauvre ouvrier de la campagne. On introduisait dans une chambre *li vix Bolzèe*, puis quelque temps après, notre sale paysan montait à l'autel portant les habits sacrés. Alors il était facile de reconnaître le respectable Keyeux, l'ancien curé de Verlaine que nous avons connu en 1768. Il venait dire la messe et verser les eaux du baptême sur la tête de ses neveux.

Puis ma mère nous contait que toutes les cérémonies religieuses s'accomplissaient en secret et dans l'ombre. Dans beaucoup de familles il y avait un prêtre, parent ou ami, qui officiait pour un petit cercle d'intimes.

(1) On montre encore dans la famille la sonnette en cuivre jaune qui servait à annoncer la consécration.

On cachait ces petites chapelles à tous les enfants, pour mieux garder le secret.

Un jour, c'était la veille d'un baptême, on avait annoncé aux ainés de la famille que le messager de Verlaine apporterait un petit frère ou une petite sœur. On les avait envoyés se coucher de bonne heure, ce qui n'avait pas empêché les bambins et les petites filles surtout de remarquer dans la chambre de leur maman, qu'on disait malade, la grande chandelle de Noël qui brûlait devant l'image de Sainte-Marguerite. La petite Jeanne avait aussi remarqué que la voisine apportait une ceinture qui avait touché aux saintes reliques, et que chaque fois qu'on envoyait un enfant, sa mère était souffrante; ce qui lui faisait dire qu'il y en avait assez.

Malgré la cherté des vivres de cette terrible époque, le chef de la maison avait voulu régaler son beau-frère le curé, le parrain et la marraine. Et pour fêter l'arrivée du nouveau-né, il avait fait acheter chez Parmentier, place aux-Chevaux, 6 bouteilles de champagne rouge à 14 sous, 6 bouteilles de bourgogne à 17 sous (1), plus une bouteille de muscat à 25 sous, pour sa femme à ses relevailles (2). Il fallait bien acheter du vin en détail : les caves étaient murées depuis 1789, pour sauver les petites provisions.

(1) Les 17 sous liégeois valaient un franc.
(2) Annonces de la *Gazette de Liége*. Desoer, ann. 1795 et 1796.

Les gens du baptême et le curé déguisé trinquèrent à la mère et à l'enfant. On trouva les *michots* peu beurrés ; ils ressemblaient à du pain blanc ; le café était léger. Il faut épargner les vivres, disait le père : Dieu sait quand la guerre finira.

Le beurre se payait dix patars la livre : aujourd'hui trois escalins, 30 patars !

Le pain que nous avons mangé à 10 liards est remonté à 7 et 8 sous, *et li moitiâve à 9 patâr* (1).

— Vous n'êtes pas au courant, dit la marraine, depuis hier le pain de seigle de quatre livres se vend 2 escalins et deux sous, enfin 22 patars.

Le lendemain, le maître inscrivait dans son livre de famille : Dieudonné-Joseph, fils légitime de Severain-Mathieu Gaillard et de, etc., a été baptisé le 12 janvier 1796 dans la place de derrière, où l'on fonctionne à cause de la persécution (2).

Pendant bien longtemps, on célébra la messe dans cette pièce cachée ; bien des gens s'y sont unis. Des vieillards nous ont assurés avoir été mariés à ce même autel ; mais, ne retrouvant aucune trace de cet acte, ils avaient jugé prudent

(1) Manuscrit Mouhin.

(2) Copie textuelle d'un livre de famille. Le onzième enfant portait toujours le nom de Dieudonné. M. Dieudonné-Joseph est encore en parfaite santé en 1874.

de le renouveler avant de mourir, afin d'éviter des embarras à leurs descendants. On sait combien les unions de cette époque ont entraîné les familles dans des procès ruineux. L'intérêt faisait contester la légitimité des enfants.

La citoyenne Chevron, de la paroisse Ste-Aldegonde, accoucheuse, avait terminé sa besogne à la satisfaction générale. Cependant la convalescence fut longue; était-ce l'effet des inquiétudes et des calamités du temps? il ne paraît pas : on commençait à se faire à la destruction de toute chose; mais voici l'affaire. Un des aînés de la dame en couches avait lu dans la *Gazette* que tous les dimanches, les citoyens étaient *invités* (1) au bal qui se donnait à la maison Harlez, rue St-Gangulphe, à cinq sous d'entrée par cavalier (les citoyennes ne payaient pas). Notre jeune homme était resté une heure de trop dans ce bal, ce qui avait effrayé sa mère. Se faire attendre une heure dans un ménage réglé comme une horloge!

Mademoiselle Sprimont, épouse du joaillier de ce nom, avait été bien étonnée, après huit jours, de ne pas trouver son amie toute rétablie, malgré deux ou trois visites, à un escalin, du chirurgien Vedrine.

(1) Textuel; annonce de la *Gazette*.

— Avez-vous éprouvé le remède de l'apothicaire La Ruelle, de notre quartier, au Pont-d'Ile? demanda la citoyenne Sprimont. Il prépare un breuvage qu'on ne boit pas, c'est vrai, mais qui est excellent; je vous le recommande, c'est un remède souverain, un peu cher, mais fameux.

— Combien ?

— Un escalin et 18 patars avec le *placement*. Cependant je ne suis pas éloignée, je demeure également au Pont-d'Ile, à côté. Je me trouve fort bien du remède et j'en use (1).

Ne négligez pas la teinture de rhubarbe tous les printemps : j'en prends pour un florin 12 sous, soit 32 patars.

— Il vaut mieux prendre du muscat! acceptez encore un verre, citoyenne Sprimont.

— Merci, citoyenne, je vais vous quitter, vous avez besoin de repos. N'avez-vous pas chaud dans cette alcôve, avez-vous de l'air ?

Je suis moi-même un peu fatiguée ; nous avons été à la comédie, hier ; c'est sortir de ses habi-

---

(1) Les comptes du pharmacien La Ruelle portent : Lavement avec applicat. 18 sous. De 1778 à 1794.

Ce qui domine dans les comptes La Ruelle et autres, ce sont les teintures de rhubarbe et les médecines. La saignée est à la mode. Les chirurgiens ont plus à faire que les médecins.

tudes. On jouait *Lodoïska* ou *les Tartares* et *Barbebleue*, opéra, par les citoyens Grétry et Sedaine. C'était bien amusant! il y avait des marches et des batailles, toutes sortes de choses (1).

Je vais me retirer, continua la citoyenne Sprimont en déposant un petit bonnet sur le berceau en fer du nouveau-né, et, chemin faisant, je vais acheter, pour mon homme, qui ne mange presque plus malgré la rhubarbe, des anchois à 25 sous le cent, et 25 huîtres pour 7 patars et 2 *aidant*. Vous savez? Robert annonce les huîtres à 30 sous le cent (fr. 1-82 cent) (2).

La citoyenne Sprimont recommanda, de nouveau, le remède de son apothicaire, avec ou sans applicat. Elle souhaita une prompte guérison à la dame en couches, puis se dirigea vers la place aux Chevaux. Elle traversait le Pont-d'Ile quand un voisin lui dit : « Rentrez, voisine, votre mari peut avoir besoin de vous. Il vient de prendre une faiblesse à une jeune femme qui achetait *son rond d'or*, son anneau de mariage, enfin.» La boutique de l'orfèvre était encombrée, la *place* de derrière également.

(¹) Au bas de l'annonce on lit : On prendra aux premières loges deux escalins (fr. 1-48), aux secondes un escalin, au parterre cinq sous (30 centimes) et le militaire une livre en assignats. Ce théâtre était sur la Batte. Au parterre, on était debout.

(²) *Gazette de Liége*, 1796.

— Que fait-on ici? dit-elle effrayée, en voyant qu'on faisait partir les enfants et qu'on demandait une sage-femme. *Habeie! Habeie! ine sège-dame!*

— *Heie! Jesus Mariâ, quélle affaire!* s'écria la dame Sprimont. *Quélle affaire!*

Enfin la citoyenne se calma en voyant les voisines apporter des langes de toutes les qualités : *ahlé, bindelette, lignerai, fahe, beguin, bonnet, pousselette, bène di botroule,* etc., etc. La layette était si complète que bien certainement l'enfant y gagna. La première toilette faite, il fallut penser à baptiser le poupon. « Donnez-le moi, s'écria la servante du libraire Latour; dans un quart d'heure il sera baptisé. » Elle prit l'enfant dans son tablier et, suivie de l'excellente Madame Beyne et de Guillaume Dumoulin, maître-vitrier, elle se dirigea dans une longue allée étroite et sombre, appelée *â long poîsse* (1). Elle connaissait là un autel caché, et elle était à peu près sûre de trouver un prêtre. Il y avait, dans beaucoup de familles, des moines rentrés chez eux à la fermeture des couvents, des abbés qui avaient changé

(1) Ce long vestibule, ruelle de servitude, commençait rue du Pont d'Ile, près d'une boutique de cordonnier (Dawans, et aboutissait à de vieux bâtiments situés sur un petit promontoire où l'on voyait un moulin, juste à l'emplacement aujourd'hui occupé par le Passage Lemonnier. L'abbé Henri officiait dans une de ces masures perdues.

de costume, des curés et des vicaires qui avaient refusé le serment à la République française et se tenaient cachés, n'ayant pu suivre en Allemagne nos riches tréfonciers (1).

Pendant qu'on allait baptiser le nouveau-né, deux jeunes citoyens bien connus des habitants du Pont-d'Ile, parce qu'ils étaient beaux et toujours bien pimpants, qu'ils portaient avec art la coiffure poudrée en ailes de pigeon et que leurs bottes à la *Chouwarou* (2) faisaient ressortir une

(1) Michel Thiry, tanneur, à Liége, écrivait à sa chère fille Thérèse, à Anvers, le 1ᵉʳ juin 1797 :

« On continue ici à exiger le serment. Voici les noms de ceux qu'on vient encore d'envoyer en prison pour trois mois avec 50 livres d'amende pour l'avoir refusé : Lecoq, curé à St-Etienne; Florenville, vicaire à St-Nicolas-aux-Trez; Delchef, curé à St-Nicolas-aux-Mouches ; Tilkin, curé à St-Martin, Hossay, vicaire à St-Pholien; Defays et Deherve, curés à Notre-Dame-aux-Fonds. Ceux qui ont passé la déclaration, écrit-il, ce sont les curés de St-Thomas, de St-Jean, de St-André, de St-Remacle-en-Mont, le vieux Demawe, le curé de St-Nicolas Outre-Meuse, de St-Séverin, de St-Hubert, le vieux curé Légipont de St-Georges et Rigo de St-Adalbert. On blâme, dit la lettre, tout ceux qui refusent de faire cette déclaration. »

Le 8 février 1798, le même *à sa chère fille*.

« J'ai été satisfait d'apprendre que par la soumission de vos prêtres (à Anvers) vous allez repratiquer les devoirs de notre religion à laquelle je vous recommande toujours beaucoup d'attachement comme étant la pierre fondamentale de toute prospérité. »

(2) Bottes portées par un général russe, le général Souwaroff. Cette mode a été très-répandue à Liége.

jambe des mieux faites, entrèrent en scène. Ces messieurs, connus pour les plus habiles compagnons de la maison Sarton, horloger-mécanicien, se mirent à faire la collecte de maison à maison, pour doter la jeune citoyenne accouchée; celle-ci, de son côté, promit formellement d'acheter son anneau de mariage avant toute récidive. Mais, que voulez-vous, disait-elle, en temps de révolution on attrape vite des peurs, puis on oublie.... on s'oublie.

De son côté, le futur mari se disait à part lui, elle sera vive, ma femme; je devrai, à l'avenir, être plus rond en affaires et ne plus marchander sur le *rond d'or*.

La jeune mère fut emportée *so on birâ*, sur une civière et suivie de la servante qui portait le nouveau-né. Un ouvrier de la maison Desœr (1), marchant en tête du cortège, demandait aux curieux aide et assistance pour la mère et l'enfant, *li p'tit Elôie* (2).

Le soir, tout bien compté, le père, un nommé Dehousse, était content de sa journée. « J'ai, disait-il, un fils *tot moussî*, de quoi vivre six mois et une femme colère à ménager.»

(¹) Desœr, imprimeur, *à la croix d'or*, sur le Pont-d'Ile.
(²) St-Eloi étant le patron des orfèvres, l'enfant porta les noms de Martin-Eloi Dehousse.

Plus tard, le petit garçon alla chaque année souhaiter la bonne année à son parrain et à sa marraine ; son père allait dans les maisons bourgeoises surveiller et faire la nourriture pour les soldats étrangers. Il risquait d'être battu, mais cela rapportait ; il n'avait jamais faim, car il devait manger le premier, avant les Autrichiens, les Cosaques, etc., qui craignaient le poison.

Sa femme fit un petit commerce de poëlons en terre, *des pêlette à treus aidant*. Bref, les enfants du petit bonhomme né chez le joaillier Sprimont, sont aujourd'hui au haut du pavé, *il rôlet es caroche*.

Pour se remettre et *calmer les émotions*, le citoyen Sprimont se fit saigner, la citoyenne Sprimont se fit appliquer son remède favori et la plus grande partie des voisins, pour ne pas dire toute la rue du Pont-d'Ile, envoyèrent chez M. La Ruelle demander une teinture de rhubarbe.

Dans les tapages des rues, les révoltes, dans toutes les graves affaires, à l'arrivée de Dumouriez comme après le passage des Bachkirs ou des Tartares, on s'était bien trouvé de la dite teinture, déjà trop souvent nommée dans nos us et coutumes.

Nous ne parlerons pas ici des duels, des fanfarons, des *bourreaux des crânes*, ni des Français hableurs, jetant l'insulte à tort et à travers et finissant par se faire perforer. Ces mauvaises querelles ont causé, peut-être, plus de morts que les boulets de canon. Nous recherchons les naissances et non les décès. Cependant nous ne pouvons parler des souvenirs laissés par les aimables soldats étrangers à nos jeunes filles. Parlerons-nous des *manège racrèhous?* Parlerons-nous des pétitions dans le genre de celle de la veuve Potier, qui se plaint de l'enlèvement de son fils, mis en ôtage, pour garantir une somme de trois mille livres imposée par les Français, sa quote-part, dans la contribution militaire de cinquante mille livres en numéraire?

Que feras-tu de tes assignats, pauvre ville de Liége (1)?

Laissons aux historiens le soin de dresser le bilan de nos souffrances. Glissons même sur le prix élevé des remplaçants (2).

Laissons passer la garde des *trente cents hommes* commandée par le capitaine Cornesse ; il faut franchir un ruisseau :

(1) *Gazette de Liége.* 10 frimaire, an IV de la République française.

(2) Un sieur Jourdan, ouvrier à Verviers, parent éloigné du général de ce nom, avait reçu sept mille florins de Liége, plus, à son retour, une rente d'un franc par jour et la promesse d'être occupé dans la fabrique de Monsieur de Biolley, *pour lequel il remplaçait.*

— *Garde à vos ?.... Halte !*
— *Ascohîz l'corotte, marche !*

Laissons passer la garde; enjambons également le ruisseau et un bon laps de temps. Dans les deux-et-trois premières années de ce siècle, une grande agitation régnait à Liége. Le révérend curé Rigo et ses confrères avaient un surcroît de besogne, occasionné d'abord par une quantité considérable de mariages retardés par la révolution et les changements de Gouvernement. Les curés qui avaient prêté le serment civil à la République, devaient remarier tous les couples unis par des prêtres non assermentés et qui avaient refusé la déclaration de fidélité au Gouvernement français.

Pour prêter serment, nous disait le curé Rigo, je me suis mis à genoux, et la main droite placée sur l'Evangile, j'ai dit devant le préfet :

Citoyen préfet !

« Je jure et promets à Dieu, sur les saints évangiles, de garder obéissance et fidélité au Gouvernement établi par la constitution de la République française; je promets de n'avoir aucune intelligence, de n'assister à aucun conseil, de n'entretenir aucune ligue soit au dedans soit au dehors, etc., etc. »

— Nous ne sommes pas mariés, femme, disait

un bon bourgeois; il faut recommencer.—Les uns étaient ennuyés de la nouvelle corvée.—Quittons-nous, disait un autre. — Et mon enfant, demandait celle-ci, serait bâtard ? — Quelques dames satisfaites avaient l'occasion de renouveler leurs toilettes.

A chaque pas, on entendait les femmes s'abordant :

— *Fât-il qu'on fasse ine novelle nôce ?*

— *Taihîz-ve, allez, cuseune, il fât donc qui ji vasse mi r'marîer avou deux èfant so les bresse ; pa c'est comme les lâneresse ? Mi pu vix n'rotte nin co tot seu.*

— *Taihîz-ve allez Tatinne, c'est ine saquoi d'annoyeux ! nos n'estîz nin bin mariéies. Nos àrant bin fait des pêchî sins l'savu.* Et nos commères de rire sous cape.

L'année 1804 nous procure l'occasion de renseigner une fête et un mariage, au couronnement de Napoléon Ier.

Ecoutons l'ami Mouhin (1) :

« Le 10 frimaire, au coucher du soleil, des salves
» d'artillerie, le son des cloches et les illumina-
» tions des principales tours de la ville de Liége
» firent connaître au peuple ce mémorable évè-
» nement (2).

(1) Manuscrit Mouhin, t. 4.
(2) Napoléon Ier couronné Empereur des Français.

» Le lendemain, à 10 heures du matin, la jeune
» fille du faubourg d'Amercœur, reconnue digne
» de recevoir le prix de vertu accordé par le gou-
» vernement, fut conduite avec son futur époux,
» sur un char orné de guirlandes de fleurs et de
» myrthe, précédé d'une musique, à l'Hôtel-de-
» ville où le mariage fut célébré en présence des
» chefs civils et militaires. Les époux furent en-
» suite à la cathédrale où ils reçurent la bénédic-
» tion nuptiale. Après cette touchante cérémonie,
» on reconduisit le jeune couple à la mairie, où ils
» occupèrent les places d'honneur à un banquet
» où les chefs des diverses autorités figuraient.

» Après ce repas, les époux Toussaint Jacque-
» mart et Anne-Marie Bernimolin furent recon-
» duits à leur domicile, musique en tête. A
» quatre heures, on allait les rechercher pour les
» conduire au théâtre, sur la Batte, où l'on don-
» nait une représentation gratuite. Le vertueux
» couple fut placé dans une loge ornée de fleurs.

» Anne-Marie Bernimolin, la jeune et vertueuse
» épouse, reçut de l'empereur une dot de trois
» cents francs pour son trousseau. »

Quelle belle fête que celle du couronnement !
Parcourons les rues de Liége ; voyez donc comme
les Français amusent le peuple ! Là des feux d'artifice, ici les rues parsemées de fleurs et d'em-

blêmes. Nous connaissons quelques-unes de ces inscriptions; en voici qui avaient servi, l'année dernière à l'arrivée du premier Consul. Lisons ensemble :

> Nous lui devons encor les douceurs de la paix,
> Et cet heureux repos, qu'il ne goûte jamais.

Sur l'entrepôt, nous relisons :

> Son étoile nous guide.

Plus loin, voyez :

> A Bonaparte le bienfaisant.

Je lis encore :

> Bienfaisant dans la paix, terrible dans la guerre,
> Bonaparte console ou fait trembler la terre.

Sur une superbe fausse-porte montée au quai St-Léonard, nous lisons ces quatre vers :

> Son courage fixa les destins de la France,
> Sa sagesse y ramène et l'ordre et l'abondance ;
> La victoire en tout lieu couronne ses exploits;
> C'est sous son consulat que la France eut des lois.

Passons les autres, et espérons qu'on ne les étalera plus.

Dans une visite à la ferme Mathot à Bierset, 1804, nous tombons sur une lettre où le bon curé

Rigo donne au fermier des renseignements sur la famille de la demoiselle courtisée par son filleul, Louis Mathot ; il est en âge pour se marier, répond le bon curé : c'est en novembre 1768 que je lui servais de parrain ; il a 35 ans.

Le père de Babet, la fiancée, dit-il, est un ancien bourgeois de Liége ; comme tous il a souffert considérablement de la révolution et pour comble de malheur, il est resté veuf, il y a sept ans, avec 11 enfants.

Ne vous effrayez pas, ajouta-t-il : Dieu protège les grandes familles. Le père est actif et laborieux ; son commerce, en Souverain-Pont, est un de ceux qui vont le mieux aujourd'hui ; il élève et habitue ses onze enfants au travail, ils feront leur chemin : sa fille Babet est une travailleuse, une vraie Liégeoise ! Elle pourra entreprendre n'importe quel commerce ; ayons donc confiance en ce mariage que j'espère encore pouvoir bénir moi-même dans quelque temps.

CHAPITRE V.

1803 à 1804,

Un bon cabaret. — Les amours de Louis Mathot. —
Mlle Babet.

Et les baptêmes annoncés ? nous demanderont quelques lectrices.

Nous y viendrons, mes chères dames ; un moment de patience. N'oubliez pas que, d'après la règle, pour avoir des baptêmes, il faut d'abord un mariage. Nous voici justement à celui de notre sieur Louis Mathot.

Le filleul du prêtre Rigo est un homme de 35 à 36 ans, large d'épaules, robuste et trapu ; le cou un peu court, la tête un peu grosse et recouverte d'une épaisse chevelure noire.

C'est tout le portrait du fermier de Bierset.

Depuis la révolution liégeoise (août 1789), il est retourné à la ferme, il a dû aider son père et ses frères dans les corvées organisées par les troupes étrangères. Ce qui ne l'empêchait pas, cependant, de revenir à Liége quand le danger n'était pas trop grand.

Qu'a-t-il pu faire à la ville dans ces années de malheur? Que faisait-on alors? On recherchait les nouvelles, on se ruinait, ou l'on était ruiné par les soldats étrangers.

Parfois on se cachait, on émigrait, on se sauvait jusque dans le fond des Ardennes, ou bien au fond de nos houillères. Plus de commerce, si ce n'est pour les cabaretiers et les fournisseurs des armées.

Eh bien ! faisons une chapelle, comme on dit.

Pour trouver nos papas et nos grand'pères, nous devons parcourir les établissements de la chaussée Vivegnis, le cabaret *rue au braz*, près de l'entrée de l'église St-Lambert, le cabaret rue St-Gangulphe... on disait : *ji vas à Saint-Gégô*. Et la maison Dejace, devant la Halle, *avou s'lotreie àx oû!* Visitons en hâte, pour le moment, *la Charette de meunier*.

— Mais vos mariages ?

— Patience, venez rue Soûverain-Pont, nous visiterons les cabarets à vin ! C'est là qu'on fait des affaires !

Irons-nous chez Decamps-Laloux, chez Cadot, chez Beaujean ou chez Cleinge ? Qu'il vous suffise d'apprendre qu'une de ces maisons est occupée par plusieurs demoiselles, toutes jolies et laborieuses; enfin, le vrai, l'ancien type des Liégeoises.

Une de ces dames a touché le cœur de Louis Mathot, il est payé de retour, et bientôt ils nous feront assister à leur mariage, puis au baptême de leur premier.

Qu'il nous soit permis de brouter en route ou plutôt de flâner dans les cabarets où nos pères allaient s'amuser, où les soldats autrichiens, russes et prussiens allaient se reposer et boire.

Parcourons ensemble ces maisons où les Français, qui occupèrent notre ville de 1795 à 1814, venaient apprendre à Liége que leur pays produisait des vins exquis. Car vraiment la plupart n'avaient jamais eu l'occasion d'apprécier les grands crus de la Bourgogne, vieillis dans nos caves fraîches et soignés par des hommes experts.

Quand ces Messieurs du beau pays de France avaient le bonheur de revoir leurs vignobles, ils s'écriaient qu'il fallait aller à Liége pour connaître et apprécier les vins de la Côte-d'Or. Quel bon pays, s'écriaient-ils, pour un pays de *sauvages !* les habitants ressemblent à des personnes bien élevées.

Chez nous, les bons clos aidant, l'esprit belliqueux du Français d'alors leur donnait des gestes et des manières de conquérants. Ils cherchaient querelle aux paisibles bourgeois : à l'un, on enlevait sa chaise sans la lui demander ; à l'autre, on cassait la longue pipe en terre qu'il tenait à la bouche ; à un troisième, on renversait d'un coup de canne son verre plein. Que de patience il fallait ! mais aussi combien de duels et de morts ! Un de nos bourgeois s'était fait un grand renom de duelliste : il était *pawenne*, il tirait l'épée de la main gauche et il était sûr de son fait. Les vieux citoyens ont déjà reconnu Bassompierre, le fils de l'imprimeur.

Les cabarets où l'on ne prenait que du vin, étaient généralement fort tranquilles quand il n'y avait que des bourgeois. Quittons les ruines de l'église St-Lambert, entrons dans la quatrième ou cinquième maison à gauche, rue Souverain-Pont. Les deux salons sont entourés de tables en chêne ; elles portent une ou deux bouteilles et des verres.

Voyez-vous ces six Messieurs ? ils jouent aux cinq lignes ; comme ils rient en se remettant le... plumet !

A l'autre table, admirez donc ce gros Monsieur à figure rouge. Comme sa cravate blanche fait bien ressortir son nez bourgeonné ! Il est seul, il ne dit mot ; son quart de bouteille vous fait croire à sa sobriété. Détrompez-vous, avant les dix heures du soir, il aura ingurgité 8 à 9 quarts, qui se remplacent comme par enchantement et sans mot dire. C'est un modeste employé au bureau de la conscription.

Quel est cet autre farceur, avec des bottes à floches ? Il remplit son verre et il le vide pendant que son camarade allume sa pipe, le dos tourné.

De l'autre côté, deux bons amis sont en face de deux demi-bouteilles qu'ils vident séparément.

Pourquoi, me direz-vous ? ce n'est plus trinquer ; cependant voilà deux hommes qui passent toutes leurs soirées ensemble comme feraient une paire d'amis. Voyez, ils ont l'air de se conter des secrets. Voici les tabatières : *Prindez n'penéie, brave camarâde.*

Oserai-je vous le dire ? Eh ! bien, ils sont vieux ; ils disent : chacun son compte. S'ils vidaient une bouteille en commun, l'un remplirait peut-être son verre plus que l'autre. Et puis, ils croient avoir un verre en plus dans deux demi-bouteilles qu'en une seule. *Il fait chîr viquer, dihet-il ; 15 patàr ine diméie !*

La vieillesse rend prudent et gourmand.

Dans ces cabarets à vin, les uns partaient à huit heures, la plupart restaient deux heures en plus ; à ceux-ci, on apportait quelques pommes de terre grillées ; après l'hiver, on leur donnait des œufs durs : cela fait boire. Cela s'appelait : souper sur le pouce ; on n'allait là que pour boire et jouer (1).

Là bas, près de la porte d'entrée, avez-vous remarqué ce beau vieillard ? il vient s'étourdir et oublier ses chagrins ; deux de ses fils sont partis, ils sont conscrits français ! l'un est en Espagne, on a perdu les traces de l'autre. Pauvre vieillard, le voyez-vous ? c'est votre parent, lecteur ; sa belle maison de commerce, au pont d'Amercœur, avait coûté vingt-cinq années de pénibles travaux ; elle a été bombardée et incendiée par les Autrichiens. Le voilà, il aborde chaque personne à son entrée pour demander : *Aves-ve des novelle di l'armêie ? Wiss sont nos èfant ?* Ce brave homme, comme il fait durer son quart de bouteille !

(1) D'après d'autres versions, il paraît qu'on grillait des pommes de terre toute l'année dans les estaminets de la rue Souverain-Pont. Le plat de *crompire peteies*, qu'on donnait, était à la mode et bien goûté. Des personnes de l'époque nous assurent que le mot : *on vous en pète*, Monsieur, a été répondu par une demoiselle, à un jeune homme qui voulait être servi tout de suite. Il faut reconnaître que la conversation d'alors était plus libre et plus familière ; on n'y regardait pas de si près.

On donnait aussi aux habitués les friandises désignées par les fêtes : aux Rois, le gâteau ; des tartes à la Fête de la paroisse, des galettes le Jour de l'an, et des *waffe* ; à Noël, des *bouquette* (crêpes), etc., etc. Le cabaretier n'y perdait pas.

Eh bien! Messieurs les jeunes gens, si vos grands parents avaient inscrit les nouvelles, jour par jour, comme faisaient les bons fermiers de Bierset, vous sauriez bien des choses, bien des peines, bien des misères des vôtres ; vous seriez, parfois, moins fiers et souvent plus laborieux. Le temps passé nous représente la roue de la fortune, des hauts et des bas ! Vous sauriez que ce petit gros papa en culottes de soie, à souliers à boucles d'argent, portant un habit vert à queue sur un gilet à basques chargé de paillettes..., eh ! bien, c'est votre grand-père, il boit du *quarante-patâr !* il a le haut du pavé !

Vingt ans après, 1824, son fils, ou votre père enfin, n'avait plus rien ; il sollicitait une entreprise de neuf cents francs ! Je dis fr. 900. Les sommes aussi fortes doivent se répéter. Voyez à une autre table ce monsieur portant des bottes à la Souwaroff, de grands boutons sur un habit en drap brun-rouge ; c'est encore un de nos grand-papas, c'est le riche boucher de St-Laurent. Il parle à un homme plus âgé. Le voyez-vous, ce vieux ? *Avou s'belle blanke châsse, si jârretire à blonke d'argint et sès solé à cayet ! on z'a r'mettou dè l'tule so ses cayet.* (1).

(1) Du rouge sur les talons de ses souliers. N'était-ce pas imprudent de rappeler ainsi l'ancien régime ?

Quel bruit ! quel tapage ! comme ils sont animés !

Ecoutons :

— *Atote dè cour. Nos estans Français !!* (1)

— *Vos n'estez nin co wis qui les qwate bouf on passé. Ji côpe !*

— Je recoupe encore. Double, deux lignes en moins. Enfoncé ! Vous êtes perdus comme le malheureux d'Enghien (2); nous gagnons la première demi-bouteille.

Un très-vieux personnage à perruque poudrée, raconte à d'autres qu'un négociant de la rue devant la Madeleine vient de faire placer des carreaux à sa vitrine au prix de six francs la pièce !

Tot l'monde court po veie les qwarai qui costet tant d'ârgint (3).

Ils étaient hauts de 60 à 70 centimètres.

— On est prodigue aujourd'hui, répondit un autre vieux. Le Français qui occupe une si bonne place vient de faire peindre à la détrempe la belle maison en Féronstrée, coin de la place St-Barthélemy. *Il l'a fait ponde jenne. Totes les gin corct*

---

(1) Nous sommes vainqueurs, nous avons gagné.

(2) Assassiné par ordre impérial à Vincennes, dans les fossés, le 20 mars 1804.

(3) Historique. Les carreaux de trois pieds et la peinture à la colle d'une façade ont remué les esprits de l'époque.

ossu po l'aller veie. C'est ine costinge inutile qu'il fait à n'mohonne qui n'est nin d'a lu. Il gn'y a pus qu'les Français qui viquesse cial.

Voyez-vous ces deux chefs de l'armée française à la table du milieu? Un livrancier pour la fourniture des vivres paye le meilleur bourgogne ; ces officiers portent un uniforme magnifique ; il a été envoyé par le fournisseur avec deux rouleaux de louis d'or dans les poches. Voilà des cadeaux qui feront faire fortune.

Passons et écoutons?

— Vous ne savez rien de nouveau, voisin *Del Waite?*

— *Neni, Boncour.* La femme Pauly, qui avait volé chez Moers, sur la Batte, est condamnée à six heures de pilori et à douze années de réclusion dans une maison de force. Elle avait volé du linge chez les particuliers où elle faisait l'ouvrage (1).

N'oublions pas que nous sommes dans un des plus beaux cabarets de la ville.

— Boncour, *ine boteille à 25 patâr, s'il v'plait? Volez-ve beûre avou mi, Del Waite?*

— *J'el vous bin, voisin. Ji pâieret l'deuxème.*

Connaissez-vous Alexandre Raison, ce petit

(1) *Gazette de Liége*, 24 pluviose, 1804.

laid chargé de bonnes fortunes (¹)? *Vos savez qu'il a l'tour avou les feumme.* Eh! bien, on vient de lui jouer une farce. Hier, il se promenait avec une fort jolie dame que vous connaissez, Mme X... En passant ils allèrent visiter l'église des Dominicains, vers la soirée. *Aoi dai !* A peine entrés, les portes se fermèrent sur eux. Etait-ce convenu d'avance? Je n'en sais rien. On dit qu'ils furent obligés de passer la nuit dans cette église abandonnée. Heureusement, elle était remplie de foin; car les nuits sont fraîches.

— *C'est todi des laidès farce. Il fâret r'bèni l'èglise qui sierve di magasin à four.*

— Passons à une autre table. Ceux-ci, Boncour et Del Waite, ont la langue légère.

— *N'a-t-il nin co n'crompire, Mamzelle Bèbette ?*

— *Sia dai, M. Camburlin, à vosse service.*

Une autre table. — Je dis 20. — Moi, 25. — Haut! 30. Poule! *Poie so tâve!!*

Et cet homme dans la force de l'âge, en habit à la française, gilet clair, genre Robespierre, jolies bottes à revers, qui parle à l'une des demoiselles, et bien, c'est le filleul du curé Rigo, c'est l'amoureux que nous cherchons. Quelle toilette ! Tout

---

(¹) Raison était un envoyé français : il était mal fait, fort laid, mais fort aimable ; il mangeait sa fortune à Liége, outre des appointements considérables.

battant neuf. Des manchettes, s'il vous plaît ; il n'est pas mal, en dépit de son air un peu guindé. Quelle carrure, n'est-ce pas ?

J'ai l'honneur de vous présenter M. Louis Mathot ; il se marie demain mardi.

Sa future est accorte, elle a la beauté du diable, la jeunesse et la force. Ses petits yeux sont vifs et annoncent beaucoup d'énergie.

Il faudra marcher droit avec cette femme ; de plus, être bien conservé. Elle a fait le sacrifice de ses beaux cheveux, sa coiffure grecque surmontée d'un peigne à pierres vertes et à pierres blanches lui donne un air de fermeté à faire reculer le plus vaillant des Palantins.

Gare à celui qui voudrait tâter l'étoffe de son fichu à la Marie-Antoinette !!

Sa taille courte et sa robe à giron dessinent des formes qui donnent bien des distractions aux habitués.

Nos fiancés sont très-près l'un de l'autre ; ils sont sérieux, nous pourrions dire inquiets.

— Les temps sont durs, l'argent est rare ! que ferons-nous ? — « Nous travaillerons, répond la fiancée, *il gn'y a dè l' navette po tos les ouhai*. L'ouvrage ne me fait pas peur. » Ensuite on les entendit causer d'autres petits détails :

— Voulons-nous faire un petit voyage ? Vous

conviendrait-il de voir Tongres, Verviers ou bien Visé ? en un jour et demi ou deux jours, nous pouvons aller à Tirlemont, à l'hôtel du *Plat d'étain*. C'est là que vont les gens comme il faut ; c'est là que les nuits sont agitées, c'est l'hôtel et non l'autel des sacrifices. Autre voyage. En un jour, la barque peut nous conduire à Huy ou bien à Maestricht. *Ji v' monret même à Bois-le-Duc, si vos volez, comme les richès gin. Les batai n'sont nin chîrs.* Voulez-vous venir à Spa? Nous irons à pied.

— *Ji n'so nin malâde mi, m'fi. Por mi ji n'a nin mesâhe de beure des flairantès aiwe ; ji so comme iné trûte, comme on nâli, et deuré comme iné pire, comme on neûhi. Nenni, binamé,* continue la jeune personne : allons nous reposer quelques jours à la ferme de Bierset, c'est moins coûteux et c'est la proposition de votre père ; c'est, je crois, le plus sage.

Demain, nous avons quelques invités : faites-vous bien beau, et de vos chemises à jabot, choisissez la plus jaune.

— Pourquoi ?

— C'est une manière de dire qu'on a beaucoup de linge. Celui qui ne possède, *veyez-ve, mi fi*, qu'une ou deux chemises fines, les porte toujours blanches ou bleues.

Ave sayî les bellès burtelle qui ji v'sa d'nné? Elles sont bin belles èdon, elles sont mîx faites qui l'blague à l'toubac qui ji v's a brosdé li meûs passé. C'est on vraie bouquet !

> L'usège d'ine manzelle qui hantéve,
> Po s'galant, di rigueur brosdéve
> Des bais gâgaie so dè satin,
> Blague à l'toubac et des burtelle :
> Garnêie di fleur, brosdêie di piele
> Po sceller tos les doux siermint (1).

— Les perles forment bien les fleurs. Ensuite, mon ouvrage est monté sur satin blanc, *et puis n'vesseie â d'vins*. C'est chez Thuillier, *ès Férons-trêie*, qu'on arrange le mieux tout ça.

Plusieurs de nos jeunes habitués m'ont dit, tout bas, que celui qui porterait ces bretelles serait bien heureux.

— Je le crois bien, répondit notre amoureux en jetant des regards de feu à sa belle. A propos, avez-vous remarqué l'alliance ouvrante que je vous ai donnée? Nos noms y sont gravés et la date de notre union.

— Oui, mais il fallait faire graver, en plus : *Ji t'aime di tot m'cour, po todi, jusqu'à l'moirt. Fidélité à tout jamais !*

— *Aoi, m'chère Bèbètte, mais po mette tot çoula*

(1) La fiancée brodait des pantouffles, etc. En retour, le fiancé donnait une alliance et une bague en or.

il fåreut in onnai comme ine rowe di cherette. Nos savans bin tot çoula ; sicrians-le ès nosse tiesse, po n'nin l'rouvi.

— Que dites-vous de cette bague, elle est bien belle, n'est-ce pas ? *C'est des pirre di diamant, savez. Il gn'y ènna sept. C'est po m' Bèbètte.*

Les remercîments se témoignèrent par des serrements de main. Puis on entendit : il est dix heures, il est temps, il faut nous quitter.

La fiancée reconduisit son *biñamé* ; ils restèrent bien encore une demi-heure dans le vestibule, puis sur le seuil de la porte ; mais il faisait sombre, nous n'avons rien vu, rien entendu qu'une voix fâchée qui venait de la place : *Bèbètte ! Bèbètte ! habèye ! bin vite cial ! mâhonteuse, vos qu'a s'tu à k'fession !* C'était le père qui grondait sa fille.

CHAPITRE VI.

1804.

Mariage de Louis et de Babet. — Les noces et la suite. — Départ pour la ferme de Bierset.

Le lendemain, par une belle matinée du mois d'août 1804, vers neuf heures, Nicolas-Louis Mathot, accompagné de ses deux témoins, de son parrain Rigo et de son vieux père, allèrent chercher Mademoiselle Elisabeth, son père et ses deux témoins.

On partit deux à deux, bras dessus, bras dessous, jusqu'à l'Hôtel-de-Ville, puis à l'église, en regrettant la paroisse de Notre-Dame-aux-Fonts. La cérémonie terminée, les témoins se retirèrent après avoir été invités au café de noce à quatre heures après-midi.

— *Ni manquez-nin, j'a on bon jambon, nos fiestrans.*

Le curé Rigo, le fermier et son fils, le marié, allèrent seuls prendre le *midi* chez Babet. A quatre heures précises, quinze à vingt personnes réunies dans la grande chambre du premier étage (pour laisser les pièces du bas aux pratiques) se placèrent autour d'une longue table, formée de quatre petites ; elle était couverte de bonnes pâtisseries faites dans le ménage, et des meilleures tartes de chez Delcommune et de chez Spée. Il y avait des pommes, des noix et quatre assiettes de macarons de chez Sklin, en Féronstrée, s'il vous plaît ; pour les dames, on servit une énorme cafetière en cuivre poli comme l'or, pleine de bon café à la cannelle ; pour les hommes, un pot d'étain rempli de vin chaud.

A la suite de cette copieuse collation, on chanta des airs patriotiques et des chansons de toutes les couleurs :

> Vola donc noss prince qu'est rivnou, (1)
> I ramône li jôie ès nosse veie.
> Rians, chantans comme des pierdou ;
> Hoensbroeck fret l'bonheur dè l'patreie.
> Mettans-nos bin à l'unisson,
> Et répètans tos so l'même ton :
> Avou tos les Méan vikez longtimps, ⎫ bis.
> Binamé César Constantin. ⎭

(1.) Cette chanson de l'époque m'a été remise par un petit-fils de Mathot, marié aujourd'hui. Je crois devoir passer les onze autres couplets.

Falléve-t-il po les jeux di Spâ,
Mette li pays so l'boird dè l'fosse?
Deux banque c'esteut déjà deux mâ,
En' n'aveut-il donc fallou doze.
A Lîge, on jowéve tot costé,
Diew sét çou qu'enn' es t'arrivé.
  Avou, etc.

Nos vièrans rivni les Vingt-deux,
Nos sèrans sûr ès nosse mohonne ;
On n'iret pus prinde les borgeux
Es leu lét sins châsse, sins maronne.
On poret co dire qui l'Lîgeoi
Divins s'baraque est on p'tit roi.
  Avou, etc.

15°.

Nos allans viker comme to fré,
To les pârti n'ès front pus qu'onk.
Si gn'a des ci qui v's ont mânqué,
On n'ès pleuret des lâmm di sonk.
Ossi ave signé leu pardon ;
Qu'on deie ko qu'Hoensbroeck n'est nin bon !...
  Avou, etc.

Les applaudissem nts à peine terminés, on entend t : à un autre, à un autre ! — Ecoutons.
Les dix huit couplets du roi Dagobert y passèrent. Après Dagobert et sa culotte, un autre

chanteur commença Malbrough, mais le malin changea le nom de la sorte :

> Mathot s'en va-t-en guerre,
> Mironton, mironton, mirontaine;
> Mathot s'en va-t-en guerre,
> Ne sait quand reviendra.

— Puis après les vingt-quatre couplets de Malbrough, on entendit cette chanson significative :

> Li mohe, l'aregne,
> L'aregne, li mohe,
> Pauve mohe, qui n'ti sâvez-v'-tu. !

— Puis :

> Dans les gardes françaises,
> J'avais un amoureux.

— Ensuite :

> Au clair de la lune.

— Un autre évoquait le grand maître liégeois :

> Quand les bœufs vont deux à deux,
> Le labourage en vaut mieux.

Vivent les jeunes mariés! vive Grétry! l'auteur. Vive Grétry, le Wallon, notre compatriote!

— Et les vieilles chansons de la révolution, tout y passait :

Termoniâ d'sos l'plèce,
Avou Baudâr qu'a l'vesse,
Deux, treus pèlés monsieu
Dè l'rowe dè pont d'Avreu,
Et li pauve Dingihoul,
Qu'enn' a-t-on vraie crive-cour... (1)

— *Vive Bèbette! Vive Mathot! Vivâ tos les deux! Vive Grétry! A vosse santé! A vosse bonheur!*

A la vue de six grosses bouteilles de bourgogne que le père de la mariée venait d'apporter, la joie redoubla. En les montrant, il dit : *Il gn'y a qu'mi qui k'nohe les bounès coinne! Vocial dè bon!*

— *Qu'on jâse di bon vin*, dit un plaisant, *mais nin d'coinne!*

Entre les verres et les pots, l'animation s'accrut à tel point que nous ne saurions vous en donner une idée ; n'ayez point mauvaise opinion de vos grand-pères, mes jeunes prudes, c'était de la bonne, de la franche gaîté.

Les indiscrets voulaient savoir si le marié avait aidé sa jeune femme au changement de toilette : je vous le demande, est-il Dieu possible! comment s'y était-il pris! Bref, on voulait s'immiscer dans les secrets du nouveau couple. Par exemple!

Heureusement les amies prirent le parti de la mariée qui baissait les yeux en riant, et leur

(1) Communiqué.

répondit : *Ci n'est nin vos affaire, leyîz-me tranquille.* La mère n'était plus là pour arrêter les plaisanteries trop marquées, le chef de la famille était resté veuf, sans ressource et avec onze enfants en 1797, mais la gaîté n'avait jamais tari ; on aimait le plaisir, dans cette maison ; on y riait de bon cœur. Cette fois, on parlait encore plus haut qu'à l'ordinaire, et je dois avouer que la conversation était peu voilée.

— Après chaque refrain, les échos répétaient sans cesse :

Nous allons boire à sa santé,
A sa santé,
A sa santé,
Répétons, répétons sans cesse :
Qu'ils vivent, qu'ils vivent, qu'ils vivent à jamais !

Vraiment, on buvait tant de santés qu'il y avait de quoi compromettre la sienne. Mais rassurez-vous, comptez sur la force de l'habitude. Dans la famille de Bebette, les femmes boivent comme les hommes ; trois ou quatre bouteilles, cela fait aller le commerce.

— *Jàns don, cuseune, vudîz vosse verre?*

— *J'a bin fait, dai Mamzelle Bebette, ji vous dire Madame : ji m'trompe todi !*

— *Jans don, parent Dusart, buvez.*

— *Taihiz-ve, ji sos quasi macasse.*

Vers 7 heures, les hommes allumèrent une pipe ; il y eut un moment de repos. Mais ils furent obligés de rester au premier étage ; la soirée était belle, ensuite la curiosité avait amené plus de monde encore : la cour était tellement garnie que les buveurs étaient gênés de toutes les manières. Les tables occupées allaient jusque *so l'saiweu dè l'hayeie*.

Pendant qu'on fumait une pipe, la table fut dégarnie pour être aussitôt rechargée. Voici les grosses pièces de résistance : une dinde salée et farcie, un jambon, une langue de bœuf ; voici le poisson : une anguille tournée, etc. le tout froid, à l'exception d'un énorme brochet au beurre fondu qui servit de première entrée.

Un souper de jeune mariée : qu'en dites-vous ? Mais la meilleure sauce fut la franche gaîté, la bonhomie, la joie toute wallonne. Point de domestique en habit noir et cravate blanche mêlant les vins en remplissant les verres ; point de régiment de verres de formes diverses devant chaque convive ; on s'engageait à boire entre voisins.

— *Gostez ci-cial ? Il est co meyeu. C'est dè 94 ! c'est dè vin qu'à stu cachî.*

— *On n'nè beurcut six boteye. A vosse santé. Por mi j'aime mî l'96.*

Les sœurs de la mariée servaient ; on resta

entre soi, on parla de tout; rien toutefois ne transpira, si ce n'est dans les mémoires de Rigo sur la famille Mathot.

A différentes reprises, les jeunes mariés avaient voulu partir; mais on employa tant de moyens pour les retenir qu'il leur fut impossible de se sauver.

Le souper terminé, on reprit les chants et les gaudrioles. Le bourgogne qui avait été remplacé un moment par la bonne bière houblonnée, reparut de plus belle. Et toujours : *à vosse santé !*

— Si vous voulez nous laisser partir, reprit la mariée, eh bien, je vous chanterai ma chanson.

— Oui ! oui ! oui ! Ecoutons, écoutons.

— *Vos m'lairez n'nè raller ?*

— *Aoi ! bin sûr.*

— *Houtez.*

Vos avez si bel à dire,
Si bel à dire,
Qwand ji so tot près d'Mathot,
Jè l'rik'nohe d'ine si bonne pâse,
D'ine si bonne pâse,
Qui por lu ji qwittreus tot. (1)

(1) Ce refrain est de l'époque, il était populaire ; les couplets sont de la jeune dame Mathot.

A s'belle bâbe crespowe et neure,
Ji n'a pus rin à r'fuser.
Tot mi amour ji vous lî heûre,
C'est à lu dè l'ramasser.
   Vos avez si bel, etc.

Si neure bâbe est comme ine sôie,
J'a bon s'il vint m'abressî,
Aoi, ji sins m'cour qui plôie,
Qui plôie après m'bai cinsî.
   Vos avez si bel, etc.

Nos polans nos fer mamâie,
C'est houie qui l'curé l'a dit.
Vocial li cowe dè l'vesprêie,
Essonle leyîz-nos pârti.
   Vos avez si bel, etc.

— *Vivât ! vivât ! Bebette.*
— A la santé de Mme Mathot.
— *A nosse Bebette. Vivât ! vivât !*

La jeune mariée pleure de reconnaissance; elle veut plaire davantage encore. Elle chante, écoutons :

   Seret-je todi dreute et d'aplomb,
   Seret-je todi dreute et d'aplomb, (1)
   . . . .
   Ah, bellès pirette, pirette, pirette,
   Ah, bellès pirette, qui j'croh'ret à qwâtron !

(1) Les couplets ne sont pas lisibles, dans les notes écrites par Rigo.

Le temps marche ; il est onze heures et demie.

— Trop tard pour partir, mes enfants, dit d'un ton de maître, le père de la mariée. Votre chambre est préparée au second; nous fermerons la porte de l'escalier : je réponds que vous y serez tranquilles.

Le bon père savait qu'on était au temps des farces et qu'on aimait à en jouer aux jeunes époux.

Comme ces derniers, il ignorait les petits préparatifs que deux dames de la noce avaient eu la subtilité de faire à l'avance.

Elles n'avaint pas employé tous ces petits moyens trop connus pour rendre un lit nuptial des plus désagréables : Les mies de biscuit, ni les soies de cochon coupés en petits morceaux ce qui rendait, semés sur les draps de lit, une couchette insupportable. Elles n'avaient pas eu le temps de semer de la colophane en poudre ; on sait que la colophane convient mieux au violon que répandue dans un lit rechauffé par de jeunes gens.

Nous avons connu les vicissitudes de cette nuit orageuse, en parcourant les mémoires du curé Rigo, laissons-le parler :

Le bois de lit en chêne était haut de plusieurs pieds. Quand les époux voulurent se reposer d'une journée aussi fatigante et si pleine d'émotions, à peine commençaient-ils à sommeiller ; patatra ! le lit était défoncé ! Le couple roulait par terre, un seau d'eau caché et placé de manière à être renversé dans la chambre vint tempérer ses ardeurs. Ce qu'il y eût de plus morfondant pour nos héros de la fête, ce furent les rires et les applaudissements qu'on entendit du dehors. Et les voisins d'arriver à leurs fenêtres, les uns jurant sur les tapageurs, les autres riant à la vue d'une lampe à verre suspendue à une corde et sautillant en face des fenêtres de la chambre nuptiale, où deux malheureux pataugeaient les pieds dans l'eau.

Souhe! souhe! Tins; volà n' loumerotte?

Quelques habitués du cabaret, mécontents de ne pas avoir été aussi bien servis que les autres fois, et vexés d'avoir manqué de pommes de terre grillées ou bien fâchés de ne pas avoir été invités à la noce, se vengèrent en faisant entendre dans la rue une musique infernale, où les timbales, les trompettes, les fifres et le tambour jouèrent un trop grand rôle (1).

- - - - -

(1) Très ancienne coutume.

A Athènes, pendant toute la nuit des noces, les jeunes gens faisaient grand bruit au dehors, et l'un des proches parents gardait l'entrée de la chambre nuptiale. (Origines du droit français, p. 25, SCHOTET.)

— Dans la province, le grand bruit sur des chaudrons et sur des instruments impossibles; les cris trop décolletés, enfin le tapage à fendre l'air, sont réservés aux mariages de veufs ou de veuves.

Vers une heure du matin, le calme s'était rétabli ; mais pas moyen de dormir : toute la literie de notre intéressant couple était humide.

— Allons dans la chambre à côté, reprit la mariée : je me la suis réservée en cas de niche.

Tiens, Louis, voici la clef. — Elle n'avait pas compté sur l'opiniâtreté et la malice de ses amies, dont l'une d'elles était vieille fille ! Quand nos martyrisés se jetèrent sur le second lit, une couverture en laine, un drap blanc et quelques lattes en bois cédèrent et nos deux persécutés se trouvèrent de nouveau, une partie du corps dans la grande *tine* pleine d'eau fraîche (1).

Au dessous du vieux ciel de lit, qui soutenait une baguette en fer et deux rideaux à grands carreaux rouges et blancs (*les gordenne*) était caché un arrosoir avec son bec à mille trous. Le poids des deux corps fit baisser, comme par un truc, toute cette antique garniture, et alors une pluie fine, mais très-froide se fit sentir sur les deux visages enflammés par le vin et les circonstances.

— *Binamé bon Diu ! volà qui plout à c'te heure ?*

— *Nos volà bin ramouyî, Bèbette, on vout nos r'freudi : di l'aiwe po d'zeur et po d'sos ! est-il po creure ?*

(1) Grande cuve servant à rincer les bouteilles vides, dissimulée dans les matelas.

Il sont bin canaille, èdon Louis? Jesus Mariâ, vo-m'là tote frèhe! Et ji n'a rin po m'discangî? quélle affaire à Lîge, qui n'estanne à Bierset!

N'osant appeler, Bebette fut obligée de se débarrasser au plus vite de son linge mouillé et de le remplacer, à tout hasard, par ce qui lui tombait sous la main. Pendant que nos jeunes époux se démêlaient pour sortir de cette fâcheuse position, on entendait dans le bas de l'escalier des voix féminines jetant des éclats de rire accompagnés des sons aigus d'un flageolet roucoulant des airs connus.

Se fourrer dans un jupon de moutonne, fut pour Madame Bebette, l'affaire d'une seconde. Pour se couvrir les épaules, elle passa les bras dans une carmagnole de son mari; puis machinalement elle ajusta sa faille noire sur sa tête. —*Ah! les calin: c'est-on vraie déluge.*

Dans la cour, et malgré le papa, le flageolet continuait ses airs harmonieux, tel que :

Ah ! que l'amour est doux, etc.

Dans l'obscurité, le mari s'était affublé dans le négligé en coton clair, préparé pour le départ de la jeune dame.

Après avoir battu le briquet et rallumé la chandelle, ils se trouvèrent si cocasses dans leur accoutrement, qu'à l'instant le mouvement de colère fit place à une folle gaîté.

Ils se mirent à danser sur un air de menuet que jouait le flageolet du dehors. Les ombres de ces deux personnages peu vêtus, prenant les poses et faisant les saluts de cette danse cérémonieuse, se dessinaient sur le mur blanchi d'une manière si fantasque et si burlesque, que la plume de Rigo s'arrête ici ; elle se refuse à décrire cette vraie saturnale.

Nos danseurs tombèrent de fatigue. Au loin le flageolet répétait :

Ah ! que l'amour est doux,
Quand on a des clous, etc.

On entendait : *Souhe ! ji r'freudihe ! c'est des frèhisse tot costé.*

Fallait-il se fâcher ? non, n'est-ce pas ? le mieux était de fuir.

Vers quatre heures du matin, Louis Mathot frappait à la porte de l'auberge du *Cheval-blanc* (1), faubourg Ste-Marguerite, *A blanc ch'vâ,* où était son bayard. Ils prirent le chemin conduisant à Bierset, madame en croupe ; vers six heures, ils arrivaient à la ferme, mourant de faim, de fatigue et de mauvaise humeur.

(1) A cette époque, il y avait là deux auberges : *à roge lion* et *à blanc ch'vâ.*

La coupe des contrariétés n'était pas encore pleine ; ils apprirent que, la veille, les fermiers des environs étaient allés à la rencontre du nouveau couple, au nombre de douze cavaliers montés sur leurs plus beaux destriers ; que deux petites filles devaient prononcer un compliment à dame Bebette, en lui présentant un bouquet ; de plus, trois voisines devaient chanter un cantique en leur honneur, au moment où les nouveaux mariés se seraient retirés dans leur chambre. Vous voyez bien, les bons fermiers d'alors singeaient les seigneurs d'autrefois. (1)

C'est vexant, dit Mathot à sa jeune femme : ma réception est manquée.

— *Ci n'est rin, m'fi, tot est manqué, mais nos nos rattraperans.*

— Vous dites que ce n'est rien ; je ne suis pas encore séché. Par goût, je préfère un cantique pour m'endormir à un vilain air de flageolet... et *des potai et des frèhisse tot costé!* ils ne peuvent laisser personne tranquille, ces méchants Liégeois ; ils nous ont traités comme des poissons.

— Encore deux nuits comme celle qui vient de finir et nous aurons gagné les pardons de saint François.

(1) Cette coutume se pratique encore aujourd'hui dans beaucoup de villages de la province.

— Faut-il de l'eau, répliqua dame Bebette, pour gagner ces pardons ? Le regard malicieux qu'elle jeta à son mari lui valut un gros baiser. *Eh ! Canaille !*

Après huit jours de repos et de pauses dans tous les fourrés de l'endroit, le nouveau couple vint s'établir à Liége.

Il n'y a pas de sot métier, disait madame Mathot; il n'y a que de sottes gens. Avec ce principe et son activité, elle prouva à son mari qu'une femme laborieuse valait mieux qu'une paresseuse chargée d'une grosse dot.

CHAPITRE VII.
1805.

Une visite chez M. et Mme Louis Mathot. — Leur habitation. — Les désirs de Madame.

Quand l'argent est rare, les propriétés ne se payent pas gros. Le filleul de Nicolas Rigo, notre nouvel époux, reçut de son père un petit magot, pour commencer de petites affaires et pour donner un à-compte de cinq cents francs sur le prix d'une grande maison. (1) Le reste, pas grand'chose, était en rente.

Nos mariés sont propriétaires: le titre du notaire Joseph Ansiaux, rue du Ravet, le dit tout au long.

Dans les quinze premières années de notre siècle, on ne voyait à Liége que maisons à vendre, à *rendre* (à arrenter) ou à louer ; d'autres étaient occupées à la condition de faire les réparations,

(1) On a pu acheter l'immense bâtiment entre la place du Théâtre, la place Verte et la rue de l'Official (ancienne propriété Gilles Lamarche, Cralle, etc.) pour la somme de dix-huit mille francs.

pour tout payement. Les terres, les bois, les habitations surtout étaient à si vil prix que toutes les personnes qui ont pu acheter et attendre ont fait de grandes fortunes.

Quatre à cinq mois après le mariage, les amis et le curé Rigo allèrent voir les époux Mathot, plus la maison acquise. En entrant dans cette vieille demeure, on remarquait d'abord une porte basse, avec marteau, remplie de grosses têtes de clous ; elle s'ouvrait en deux parties, la moitié d'en haut ne se fermait que la nuit ; l'autre moitié, formant le *purnai*, empêchait les étrangers d'entrer sans agiter le marteau.

Le vestibule, long et mal pavé par de grandes dalles, était très-bas de plafond ; une petite rigole pour l'écoulement des eaux dans la rue, répandait, sur toute la longueur, une odeur peu agréable (*li saiweux*) : il passait dans cette rigole toutes sortes de choses ; les yeux ne s'y reposaient pas souvent avec plaisir.

Deux petites portes en chêne sculpté donnent entrée dans les deux salles à gauche. Ici, les plafonds sont très-élevés et laissent pénétrer l'œil sur un grand entresol couvrant le vestibule. Un garde-corps et des fenêtres empêchent de tomber de là dans les pièces. Ce refuge se nomme *li chambe pindisse*; on y voit des berceaux d'enfant, des armoires, des provisions, des *banne-à-coffe*, des *ahesse*, etc., etc.

Les murs des deux pièces sont tapissés, à hauteur des portes, de petits carreaux en porcelaine blanche, à dessins bleus ; le reste est blanchi à la chaux.

Au bout du vestibule, un vieil escalier s'enroule autour d'un gros bois coupé à pans ; il tourne comme une vis ; pour guide-mains, une grosse corde de batelier pend sur le mât qui sert de noyau d'escalier.

Laissons ces vieilles marches usées pour passer dans la cour, *dizos l'abattou*. L'*abattou* est un petit toit qui couvre les pompes. C'est là qu'on lave et qu'on récure la vaisselle d'étain, *les hielle* ; voilà *li hiellî* pour égoutter les assiettes, au-dessus du bac de la pompe.

Le rez-de-chaussée du bâtiment, dans le fond de la cour, est élevé de six ou sept marches. En dessous, on descend dans une *place* servant à remiser les grosses provisions de bois et de charbon de terre : *li pacque-husse* (1). Sous les fenêtres, donnant sur la cour, deux portes inclinées donnent entrée à la cave qui s'étend sous les pièces lambrissées d'armoires, visitées tout-à-l'heure, *âté-d'câve et câvâ, ârmâ, basse gârd'-di-rôbe,*

(1) Nous reproduisons l'orthographe des vieux actes. En hollandais : *Packhuys*.

etc., etc. Toutes les armoires, en chêne sculpté, tiennent à la maison. Quelques chaises et une grosse table avec deux ailes qu'on relève pour l'agrandir suffisent pour meubler l'appartement.

Les chambres sont très-simples, pavées en petits carrés de terre cuite vernissée : *des jette*. Les appuis de fenêtres sont très-hauts, les portes petites et basses ; chaque chambre a son alcôve et une énorme cheminée. Les quelques meubles sont vieux et de toutes les époques.

Malgré tous les efforts et la grande propreté de dame Mathot, la maison se ressent encore des huit années, pendant lesquelles elle est restée inoccupée, à vendre ou à louer.

— La maison est solide, disait le curé ; le prix n'est pas élevé. *Contre-pan, cinq cint cârlus* et une rente de 280 fl. ; oh ! *c'est on palâ !*

— Je suis fatiguée, reprit dame Bebette, allons nous reposer.

Le nouvel embonpoint de la jeune dame ne l'empêchait nullement de vaquer à tous les soins du ménage et des affaires ; mais un geste de notre intéressante dame intriguait ces Messieurs, chaque fois qu'on parlait de fruits ou de choses friandes. Un des amis raconta qu'il avait dans son jardin des fruits magnifiques ; à chaque description, Madame Bebette plaçait avec vivacité une de ses mains au bas de son dos. Parlait-on de mets succulents, la main revenait de suite à la même place ; ce geste ressemblait à une insulte ou bien à une marque de mépris pour les choses vantées.

— Que fait votre femme? demanda Rigo, tandis que celle-ci était sortie ; a-t-elle des douleurs à la chûte du dos ?

— Non, non, mon cher parrain ; voici la cause de ce geste inconvenant. On a parlé de fruits et de bonne nourriture, cela fait naître des désirs aux femmes enceintes : *elles geairèt* (1). A Liége, elles croient qu'en touchant leur figure, au moment d'un désir, l'enfant qu'elles portent dans leur sein aura le fruit ou l'objet désiré dessiné à la même place ; donc, si le cher petit doit avoir une tache, il convient mieux qu'elle soit cachée. Voilà pourquoi ma femme porte la main à un endroit qu'on ne voit pas. *Vos l'âvez fait geairî.*

Les vieilles femmes disent que les grandes taches que l'on voit sur certaines figures viennent de là. Une tarte aux cerises, un raisin, etc.

Ma femme a un très-grand appétit, *elle geaireie baicôp* ; voilà pourquoi elle fait le mouvement qui vous intrigue.

(1) En Allemagne, les femmes enceintes pouvaient, pour satisfaire leurs envies, prendre à leur volonté des fruits, des légumes, des volailles, etc., etc. (*Droits de la femme*, p. 50. Schotet.)

CHAPITRE VIII.

1805.

Naissance et baptême du petit Jean-Louis. — Les poissons d'avril. — La voisine Delderenne, etc.

Le 31 mars 1805, un samedi soir, deux voisines lavaient à grande eau le pavé de la rue qui conduisait à l'ancienne porte Vivegnis.

L'une disait à l'autre : *Ji d'vins pesante, ji n'irè pus lon, il bouhe à l'ouhe, j'a des picette !*

— *Vos estez foirt grosse tot d'même. Vos 'nn'âriz co bin deux.*

— *J'a mâ mes rein. Jè l'va lèyî â résse. Volà m'dierin seyai.*

— *Ah! vos l'ârez sins pône. Bonne nute, voisenne.*

Vers minuit, les voisins entendirent un bruit de pas, des conversations à voix haute, des portes à rue s'ouvrant et se refermant avec précipitation, des lumières passant et repassant dans la cour et sur l'escalier. Dans les phrases entrecoupées, on distinguait :

— *Allez houkî l'sège-dame ! li feumme Elias. Il vinret co bin po l'dimègne; ine bonne aweûre!*

Le premier avril, à trois heures du matin, on entendait :

— *N'a-t-il qu'onk ?*

— *Nenni, c'est on valet ; qu'il est gros! il est tot ak'levé!*

Le dimanche matin, avant huit heures, presque toutes les personnes du quartier savaient que madame Mathot avait un premier enfant, un garçon. On allait le baptiser le dimanche; il se nommerait Louis, comme son père. Ce serait un enfant de bonheur.

Les farceurs de la paroisse profitèrent de l'heureux évènement d'un baptême, le premier avril, pour mystifier leurs amis et connaissances.

Les faux et sots messages étaient à la mode.

— Allez, Jean, *à mon Lassaux, qwèri dè fi d'botroule.*

La vieille Catherine courut demander *treus pot d'pihotte di canâri*, à mon Déponthière, *po bagnî on jône èfant.*

Un ouvrier fut envoyé *à mon Copenneur, so l'Marchî,* pour demander *dè l'patience di marié, po hossî on p'tit valet.*

— Françoise, disait un autre loustic, allez chez Dessain, *dimandez ine creuhette po n'èfant d'on jou.*

On envoyait un vieux pain de trois semaines, chez le voisin ; il était soigneusement enveloppé, sur l'adresse on lisait : *Michot âx anis*, de la part de Madame Mathot. Enfin, on se renvoyait, le 1ᵉʳ avril, de Caïphe à Pilate. On courut chez Van Orle, Outre-Meuse, pour acheter *di l'hôle di bresse, po frotter l'vinte di l'èfant*. On fit courir le bruit que l'empereur Napoléon viendrait à Liége pour être le parrain du petit Mathot. En voilà plus qu'il n'en faut, j'espère, pour rappeler la coutume du poisson d'avril.

LES CORVÉES DU 1ᵉʳ AVRIL.

Allez qwèri dè l'frèhe poussire,
Dè bouïon d'vai, di vai moirt-nè ;
Allez qwèri çou qui fait rire,
Po deux aidant qui j'va v'dinner.

— *Pârtez l'Andry !*

Prindez d'on jône corâl, po cinq patàr di voix,
Divins n'copette di tasse avou n'lâme di saint d'bois ;
Dè l'rosêie di janvîr, dè l'patience di beguenne,
Dè l'pouss'lette di botroûle et dè l'souweure di coinne.
Corez, corez bin vite ! ji v'promette ine saquoi.

— *Taline, il m'fâreut :*

Po n'feumme di cinquante an qu'a rattrapé l'fiv'leine,
Dè l'crâsse jôie di d'bâchî et n'lâme da sainte Mad'leine,

Puis dè l'malice di feumme, cûte avou n'patte di chet,
Et dè l'crâhe di pindou po racoler mes ch'vet.

— *Et vos, François, allez amon Deboubers, vos d'mandrez :*

Dè l'sciince d'amourette po J'han, qu'rotte so nonante ;
Li blanc d'oû d'on gorai, li banstai d'aîwe corante,
Et les jambon d'ine âwe, c'est po m'feumme qu'a geairi.
Rapoirtez-me ine grèvesse qui n'rotte mâie ènèri.

Ce qu'il y eut de vrai dans tout ceci, c'est que l'enfant fut baptisé le dimanche et qu'en rentrant du baptême, les grands parents fêtèrent la bienvenue du nouveau-né (1).

— *Comme il ravise si grand'pére ? çi sèret on Mathot, il a l'narenne on pau raspatêie. — Elle si r'mettret portant savez-ve — il est doguesse.*

La fermière, belle-mère de dame Bebette, raconte qu'elle avait envoyé un escalin pour faire dire une messe à Ste-Marguerite, mais qu'ayant connu la délivrance, elle fit courir après la porteuse pour réclamer son escalin. *Il esteut trop tard ; mi s'kelin chevret po n'aûte feie. Edon, Bebette ?*

Le lendemain, les voisines, les nièces et les

(¹) On attachait une grande importance à ce que l'enfant fût baptisé le dimanche. Les enfants nés ce jour-là, dit-on, ont une vie plus heureuse ; les chances sont plus belles. On dit d'une personne qui réussit souvent : elle est née un dimanche.

neveux de la campagne, les cousins, etc., venaient visiter le nouvel arrivé. On racontait aux enfants que Monsieur le curé avait apporté ce nouvel ami ; un autre disait qu'on l'avait trouvé dans un chou ; un troisième prétendait que la sage-femme l'avait envoyé. Mais le plus certain pour les visiteurs, c'est qu'ils trouvèrent dans le petit berceau en fer, une grande quantité de petits pains beurrés *(des michot)* saupoudrés d'anis à l'intérieur. On sait que les anis sont les premiers *produits* des nouveau-nés pendant trois jours au moins.

Les parents et les amies de l'accouchée apportèrent, selon l'usage, tantôt une livre de sucre diamant, tantôt une livre de chocolat; un jour, c'est un petit bonnet en perles de mille couleurs, là, c'est une livre de bon café, fort cher à cette époque. Le lendemain arrivait un paquet de lingerie d'enfant, pour emmailloter.

Enfin, Dame Mathot reçut des *fahe* et des *lign'rai*, un peu de tout, et c'étaient toutes choses utiles.

Quelques jours plus tard, Madame Bebette se trouva toute remise. Voici la dépense pour mes couches, disait-elle au curé Rigo, qui notait.

Je donne à Elias, la sage-femme, une couronne plus une demie le jour des relevailles (*qwand j'irè m'fer ramessi*) ; la marraine a donné une demi-couronne, cela lui fait dix carlus. C'est bien beau et vite gagné. Elle ne vient que deux fois le jour pendant la huitaine, pour m'apprendre. *à fahî.*

Pendant l'entretien, l'heureux père introduisit dans la chambre une commère intriguée.

— Voici, dit-il, à sa femme la voisine Delderenne qui désire voir votre enfant, elle vient à la soirée pour assister à sa toilette ; elle sait reconnaître aux pieds et aux mains, si l'enfant sera grand ou petit.

— *Aoi, m'fi,* je comprends, madame croit peut-être que notre petit premier est de sept mois, elle croit aux sots *messages* du premier avril. Montrez-lui les ongles de l'enfant ; ils sont bien venus, puis montrez-lui encore votre livre, elle pourra lire qu'au premier, nous avions neuf mois et deux jours de mariage (1).

— Bonsoir, madame Delderenne, j'ai besoin de repos. *C'est ine traze linwe, paret, cisse-là. Mais nos n'avans nin chanté grand'messe divant d'avu sonné. Ètindez-ve ?*

Les vieilles femmes de la rue prédirent, d'après le quartier de la lune, que le second enfant de dame Mathot serait encore un garçon. Le grand livre de la famille le notifie.

(¹) Les premiers enfants qui viennent après sept mois de mariage, sont toujours visités par les intimes. — *Ils n'ont pas d'ongles.*

CHAPITRE IX.

1806 à 1809.

Nos vieux éclairages. — Le curé Rigo. — Une visite.

Je suis bien heureux, disait Louis à son parrain Rigo : ma femme est économe et grande travailleuse ; je l'ai quittée ce soir au milieu de deux berceaux. Elle travaille à diverses coutures et pour ne pas dépenser en lumière l'ouvrage qu'elle racommode, elle brûle les petits bouts de chandelle sur un chandelier en bois surmonté de trois pointes en fer. Cette pièce de ménage se nomme *on profit*. Vous avez vu, à la campagne, filer et tricoter à la lueur d'une bûche de bois ; d'autres allument un copeau sur lequel on a passé un peu d'huile avec le doigt ; d'autres encore coupent des bois résineux. Ces clartés douteuses, reprit le parrain, conviennent beaucoup pour raconter des histoires de voleurs, de revenants et de sorciers dans les fermes et dans les chaumières. Dans les petits cabarets des faubourgs et dans nos villages aux environs, on suspend à la poutre une petite chandelle d'un liard placée dans une vessie de cochon séchée. Cette lanterne prend un peu de clarté; mais elle empêche la chandelle de couler par les courants d'air.

> On k'nohéve li manire
> Dè spârgnî les loumire,
> Aute feie mî qui d'nosse timps.
> Li méthode esteut simpe :
> On alléve doirmi timpe,
> On s'levéve pu matin (¹).

Pourvu qu'on puisse reconnaître les cartes, les joueurs sont satisfaits.

Venez, jeune homme, chez mon voisin, vous verrez un moyen de s'éclairer très-répandu dans les bons ménages bourgeois.

— Je suivis mon parrain à quelques pas du presbytère ; nous nous arrêtâmes devant une porte garnie de centaines de grosses têtes de clous. Il laissa retomber le marteau, attaché comme ornement, d'une manière particulière ; puis on entendit :

— Qui est là ? est-ce bien vous, Monsieur le curé ?

Une fois dans la pièce, mon parrain s'écria :

(¹) Couplet tiré de la *Côpareie* de Simonon.

nous avons chaud, ne vous dérangez pas ; veuillez vous asseoir comme vous étiez tantôt. Nous venons voir votre porte-lampe : *li ciseux.*

L'ordre du curé fut exécuté. Un grand cercle de huit à dix personnes : la mère et ses demoiselles, des voisins, plus trois gamins assis sur des tabourets aux pieds des dames. Les femmes filaient ou travaillaient à des ouvrages de mains, excepté celle du milieu, qui faisait la lecture à haute voix. Devant-elle, on voyait une colonne en bois tourné, appuyée sur trois pieds et supportant une tablette d'un pied carré, où était déposée la *lamponette* ou la chandelle ; une seconde planchette, placée verticalement, empêchait la chaleur du feu ouvert de brûler la figure de la liseuse. Cette lampe servait également aux personnes rapprochées qui travaillaient aux fins ouvrages. La clarté du feu de houille suffisait pour les tricoteuses et les fileuses.

— Monsieur le curé voudra bien accepter un verre de vin, j'espère ; nous en avons reçu douze bouteilles de chez le marchand Lapaille, il doit être bon.

— Merci, je viendrai le goûter quand le maître sera ici. Est-il au faubourg, va-t-il toujours boire sa demi-bouteille ?

— Pas aujourd'hui, Monsieur le curé ; il est à la

première représentation du théâtre St-Jacques (1). L'éclairage de la nouvelle salle se fera avec des quinquets (2); on ne veut plus les chandelles.

— Votre *cizeux* est admirable.

— L'huile s'use bien moins. L'ancien *creset* (3) pendu près du foyer s'échauffait et s'usait plus vite.

Si j'avais été prévenue de votre visite, messieurs, j'aurais préparé des chandelles neuves dans nos chandeliers en argent; mais entre nous, on se contente d'une lampe, souvent le feu du foyer est clair; nous ne l'allumons que pour souper. Nous allons prendre le thé, une tartine et des poires cuites; acceptez sans façon.

— Merci, madame, Nanesse m'attend.

En ce moment deux coups de marteau résonnèrent sur la porte à la rue, c'était Nanesse qui venait appeler le curé pour une dame en couches qui allait très-mal.

Quelque temps après, les habitants des rues mal éclairées de la paroisse St-Adalbert s'agitèrent; une petite cloche annonçait aux fidèles l'approche du viatique! A l'instant les volets des maisons s'ouvrirent et les fenêtres furent garnies de chan-

(1) 4 novembre 1806.
(2) Les quinquets à verre datent de 1785.
(3) *Creset*, petite lampe sans pied qu'on accrochait à un clou.

-delles, grandes ou petites, de lampes, de cresets, lanternes et lampions de toutes les espèces, en usage dans les habitations ; enfin, toutes les lumières se trouvant sous la main furent à l'instant apportées aux fenêtres et sur le seuil de la porte. On y voyait comme en plein jour. On éclairait le passage de Notre Seigneur. Derrière ces illuminations improvisées, les habitants agenouillés priaient jusqu'au retour, pour la malade qui allait recevoir les sacrements.

Pour le passage des troupes, les habitants devaient aussi placer des lumières aux fenêtres.

Pendant que le bon curé Rigo remplissait un pieux devoir, son filleul voulut voir l'éclairage des plus beaux cabarets. Deux quinquets pendus à la muraille en face l'un de l'autre faisaient éclipse, car ils avaient derrière eux la lumière des réflecteurs en fer-blanc à côtes, et d'autres de petits miroirs qui rendaient 8 à 10 fois la flamme.

Les joueurs qui n'y voyaient pas assez avaient une chandelle dont ils jouaient le paiement.

La grande chandelle en cire de la nuit de Noël avait brûlé chez la jeune dame en couches pendant les douleurs de l'enfantement ; elle fut allumée de nouveau pour la réception du viatique ; le lendemain, cette même chandelle bénite brûlait jusqu'à sa fin auprès de la malheureuse ensevelie.

CHAPITRE X
1806.

Les repas. — La *páquette* Joséphine. — Le père Detrooz.
— La vie simple, etc.

Deschamps nous dit que Liége est une ville où l'on fait bonne chère; on reproche même à nos compatriotes un penchant décidé pour la boisson. (1) D'un autre côté, si nous devions rechercher les repas et les coutumes au bon temps où la ville de Liége, fille ainée de Rome, était occupée par une quantité d'oisifs, nous laisserions parler Philippe de Hurges (2) :

« Les chanoines, dit-il, avaient trop d'argent,
» huit à dix mille florins de revenu; ils jouissent
» de l'église comme de leur patrimoine, s'en
» donnant du bon temps et menant la vie gaye
» comme feraient des courtisans ; ils s'accoutrent
» la pluspart en séculiers, ils fréquentent la

(1) *Essai sur le pays de Liége.* M Deschamps, 1772.
(2) *Mémoire de Philippe de Hurges. Voyage à Liége,* 1615. Publication de la Société des *Bibliophiles Liégeois,* 1872.

» société, font la cour, vont à la chasse, tirent les
» armes, hantent les tavernes et les brelants où ils
» s'ennyvrent, où ils jouent plus qu'ils ne tiennent
» vaillant, etc. (1) Quoique l'évêque ait fait tous
» devoir pour les réformer, ce qui est tourné en
» risée à ceux qui estaient desja trop accoutumez
» de vivre librement, parmy un peuple le plus
» dissolu en yvrongneries et paillardises qui soit
» de cent lieu au contour.... »

Laissons les repas de nos tréfonciers et des riches chanoines ; aujourd'hui ils ne sont plus gourmands. Les familles bourgeoises péchaient également par trop d'abondance, aux fêtes paroissiales, à Pâques, à Noël, etc. Les temps de misère ou de prospérité sont pour beaucoup dans l'élévation ou la décadence d'un peuple. Mais revenons aux habitudes simples des premières années de notre siècle ; voyons quelques bons ménages, pendant que notre nouveau héros, baptisé l'an dernier, grandit et devient un homme ; fréquentons les Liégeois en temps de guerre, rendons-leur quelques visites.

Entrons d'abord chez M. Blazen ; c'est un négociant en train de réaliser une fortune. Justement voilà Madame arrêtée près d'une petite

(1) Pages 80-81-82.

boutique en pleine air, au coin du pont de Saint-Nicolas. *A mon l'grosse Maïanne Cléf d'è l'Câve* (1); la marchande sait ce qu'il lui faut pour les deux jours maigres. Toujours *ine tiesse di stokfesse avou on boquet d'hatraî po dih aidant* (2). Les autres jours, le menu se compose au repas principal d'une soupe, d'une viande et d'un légume. Pour souper, du café ou du thé avec des tartines; pour déjeûner, du café avec pain et beurre.

Chez le voisin, le père Dinant travaille avec ses fils et deux ouvriers; là, les repas sont encore plus simples, mais les marmites plus remplies. Ils se réunissent 5 ou 6 fois à la table de famille: c'est un repos; en même temps ce sont de bonnes et douces réunions. D'après la longueur de la journée, le premier déjeûner se fait entre 6 et 7 heures, le second entre 9 et 10 heures; ils ne varient jamais : pain et beurre avec le léger café. On dîne à midi juste; de nouveau le café se prend de 3 à 4 heures; vient-il une connaissance, la pâtisserie remplace les tartines. Entre 6 et 7 heures du soir, on sert un énorme plat de légumes, quelques fruits ou du fromage pour dessert. Souvent les domestiques mangent encore avant de se

(1) Kridelka.
(2) Dix liards de stockfish pour 2 jours. Historique.

coucher. Quand les ouvriers ne gagnent pas la nourriture, on leur donne de la bière et du café deux à trois fois le jour. Dans beaucoup de familles, les tartines sont préparées d'avance par la dame de la maison. L'ordre et l'économie règnent jusque dans les plus petites choses (1).

Entrons un moment chez *Liscrignî*; c'est un gros marchand. Toute la journée, il est aux affaires; mais sa femme est négligente, faible de caractère, et ses enfants mangent plus de sucreries que de cuisine. Ils sont gâtés, ils peuvent commander des plats à part. Les voisins se disent entre eux : *Ils n'iront nin long, cés gins-là, ils s'riwin'ront!*

Près du pont de la Victoire (2), quatre sœurs font un commerce de détail; quand les affaires donnent un peu plus d'ouvrage, on supprime la cuisine, on prend du bon café, des gâteaux, des tartes, selon la saison. On sait tout dans le quartier : ces dames sont désignées sous le nom de *broufteuse! — Elles brouf'tèt trop sovint, il fât qui l'commerce dcie vraie.*

Descendons la rue. Nous sommes à Pâques; la petite Joséphine doit faire sa première commu-

---

(1) Nos recherches nous ont procuré des comptes de ménage, des notes, des lettres, et nous avons souvent questionné de vieilles personnes.

(2) Le pont des Arches, du temps des Français.

nion. Donnons-nous le temps de digérer les maigres repas détaillés tout-à-l'heure. Le tuteur, homme d'ordre, nous a conservé le compte de dépenses pour habiller la petite *pâquette*.

Une chemise (1)	flor.	3	2 00
Dentelle	»	3	6 00
Un mouchoir blanc	»	5	0 00
Coton pour bas, cordon, façon	»	4	1 00
Pour la chandelle	»	2	10 00
Pour le bonnet	»	5	10 00
Pour le coton de robe	»	27	10 00
Pour la façon de la robe	»	3	18 00
Pour l'offrande	»	0	10 00
Au perruquier	»	0	10 00
Façon de la chemise, du mouchoir, garniture	»	0	16 00
Pour les souliers	»	3	10 00
	Flor.	60	5 00

Pour le lundi, jour consacré au pélerinage à Chêvremont, Joséphine, la pâquette, eut encore une robe d'un coton léger. Le mardi, pour retourner en classe, on lui donna deux biscuits et une feuille de papier où les biscuits et macarons

(1) Copie textuelle. Un florin = un franc 18 cent. Les comptes se faisaient en florins, sous et liards.

avaient été collés ; ce papier sucré était acheté par les enfants, qui en retiraient le goût du bonbon. La dite pâquette reçut comme ses petites amies deux liards, par jour, pour ses menus plaisirs, pour acheter des fruits, *des cahotte di souke, des tâblette,* etc.

La vie simple des Liégeois au commencement de ce siècle nous entraîne à citer de nouveaux exemples de repas. Le père Debrooz prospère; il vient de quitter sa petite échoppe des galeries du palais(1) pour occuper une maison qu'il a achetée sur le Marché. Remacle-Pierre Debrooz, marchand de merceries, veut payer les rentes qui chargent son habitation; il veut aussi, l'ambiteux, devenir propriétaire des maisons joignantes. Sa boutique est ouverte à cinq heures du matin; là, jusqu'à neuf heures du soir, il attend la pratique. Les soupers sont tout ce qu'il y a de frugal; chez lui, le chou et les pommes de terre jouent un grand rôle; le chou rouge est de beaucoup moins cher que le pain, on en sert de grands plats assaisonnés au vinaigre.

Une demoiselle de la maison, fatiguée de man-

(1) Déjà en 1615 les merciers avaient leur boutique dans la première cour du palais où se tenaient les carrosses et les chevaux des courtisans qui venaient visiter le prince. (*Mémoires de Philippe de Hurges.*)

ger tous les soirs la même chose, un légume sans pain, demandait à une de ses connaissances : — *N'est-don, Augustine, qui l'roge jotte s'accomóde ossu à l'crâhe?* — Mais certainement, répondit l'amie, en présence du père ; vous serez malade, si vous continuez à le manger au vinaigre et sans graisse (1).

A l'heure où les femmes du marché reportent les denrées non vendues, la mère et le père Debrooz entreprenaient une ronde pour *faire des hasards.*

Quelquefois ils pouvaient se donner un poisson, une douzaine d'oiseaux, un panier de fruits pour une dépense de quelques liards.

Le dimanche, il était permis de faire la partie ; les enfants appelaient les amis. Il y avait peu d'intérêt au jeu ; on jouait jusqu'au sel servant à manger les pommes de terre grillées.

Pourquoi raconter ces petits riens ? nous dira-t-on ; c'est pour avoir l'occasion de dire à quoi ont servi la grande économie et l'*avarice* du père Debrooz. A sa mort, il laissait une fortune *à millions* (2) à trois garçons et à trois filles. L'année suivante, l'aîné mourait d'indigestion ; tout étonné de se voir tant d'argent, l'individu fatiguait son

(¹) Historique.
(²) Historique.

estomac par une nourriture trop forte et trop abondante; deux ans après, le second fils mourait pour avoir allumé la chandelle par les deux bouts. Le dernier des fils, oh! je vous fais grâce de celui-là; mais il chantait comme ses aînés :

> Pequet, pequet, quand jé té vois,
> Mon cœur sé réjouit dé toi.

Les trois sœurs ne se sont pas mariées malgré leur fortune : vieilles aujourd'hui, elles ont acheté des meubles magnifiques; elles les regardent de loin. Ainsi, pour conserver vos fils en bonne santé et placer vos demoiselles, donnez à celles-ci de bonnes robes assez larges pour qu'elles puissent marcher; ne regardez pas à une aune d'étoffe. Et pour ce qui concerne vos fils, ne mangez pas trop de chou rouge au vinaigre; il aigrit le caractère et fait que vos enfants attendent impatiemment votre succession, le produit de vos privations.

La vie du voisin d'en face est plus belle; sa femme ne gâte pas ses garçons, elle soigne le repas principal : toujours deux viandes, un légume, un petit dessert. Ses jeunes personnes s'occupent du commerce; les fils étudient, ils obéissent avec plaisir et empressement. Quel heureux ménage!

Eh bien! allons voir les vieilles dames Nicolaisse-Clicotte (1), elles ont aussi des chaises superbes, aujourd'hui ; mais on n'a pas jeté au rebut les vieux meubles qui servaient aux vieux parents. Comme les vieilles demoiselles Debrooz, elles possèdent des lavabos splendides ; mais elles vont faire leur toilette devant un vieux miroir au grenier pour ne pas mouiller les tapis (2).

On retrouve encore les meubles en chêne, gros et solides, du trousseau de Mlle Lambertine Nicolaisse : douze chaises, un lit, une garde-robe, une commode, une armoire haute et une basse ; les devantures de ces meubles sont sculptées. Trois tables et les ustensiles de cuisine ; puis un beau christ en cuivre, devant lequel les enfants venaient chaque matin demander la bénédiction.

(1) Négociantes en vieilles loques et chiffons. Fortune considérable.

(2) Ces dames sont encore bien portantes. L'amie Augustine leur disait : C'est très-bien d'acheter de beaux meubles ; mais il faut s'en servir et en profiter.... pour vous et le commerce. *Nos n'avans po pus d'vingt meye francs! Loukiz, Augustine !*

CHAPITRE XI.
1807.

L'exécution de Lancelin. — La confrérie des prisonniers, etc.

D'où vient donc tout ce monde ? Quel bruit en ville ! La foule se porte vers la petite place aux Chevaux. Allons trouver notre vieil ami Rigo ; il nous renseignera, j'en suis certain.

— C'est aujourd'hui, 30 septembre, que le fratricide Lancelin sera conduit à l'échafaud, revêtu d'une chemise rouge et la tête couverte d'un sac. Je viens d'apprendre qu'il s'était suicidé dans sa prison. Allons voir.» —Je donnai le bras au curé; il y avait tant de monde en chemin qu'on ne pouvait avancer. Une dame nous fit entrer dans sa demeure, au coin du Pont-d'Ile. De son pignon, donnant sur la rivière (1), on découvre parfaitement la place aux Chevaux. Les gendarmes et la police empêchent à grande peine le peuple qui veut escalader le mur, haut de trois pieds, qui entoure la dite place; on veut voir l'horrible spectacle qui se prépare.

(1) Maison où le bourgmestre Laruelle avait demeuré.

La guillotine se trouve en face du pré des *Prê-cheux* (des Dominicains), et regarde la rue du Faucon vers l'Hôtel-de-Ville (1). Une rumeur sinistre se fait entendre, elle nous arrive comme un ouragan ; la foule est compacte, elle hurle à à l'approche d'un tombereau couvert au fond d'un drap noir sur lequel est étendu le cadavre du condamné qui s'est fait justice à lui-même. Mais les juges veulent punir ; il faut des exemples. Ce mort recouvert d'étoffe rouge est porté par les aides et lié sur la planche ; le bourreau fait le reste. Il tranche quand même (2).

Une demi-heure après ce lugubre dénouement, les rues étaient débarrassées des curieux. Nous remerciâmes les personnes obligeantes qui nous avaient procuré nos bonnes places. — Allons voir Mathot, me dit le curé ; il est de la confrérie des prisonniers, il saura quelque chose. *C'est on maisse des prisonnîr* (3). »

(1) A peu près où se trouve aujourd'hui la statue Grétry.
(2) Exécution du 30 septembre 1807.
(3) Membre d'une confrérie instituée à Liége dès 1602, pour apporter du soulagement à la condition des prisonniers. Jusqu'à nos jours, les *maîtres des prisonniers* ont *fait la collecte* en ville, de maison en maison, pour recueillir des offrandes dans ce but. Quand ils avaient trop d'argent, ils accordaient des subsides à différents établissements de bienfaisance ; c'est ainsi qu'ils ont, pendant longtemps, contribué à soutenir l'Institut des sourds-muets et des aveugles.

En allant vers les rues de la petite et de la grande Tour, nous avons à notre gauche les ruines de la Cathédrale de St-Lambert : une tour reste encore debout (1); des pans de murs, des colonnes élancées rappellent la grandeur de cet antique monument. A travers des ogives supportées par des faisceaux de colonnettes, nous découvrons le Palais (2) ; dans les monceaux de pierres et de décombres, des enfants courent et jouent au risque de se casser le cou ; des vieillards assis sur les débris cherchent à se rappeler les beautés de ce temple si plein de souvenirs chers aux Liégeois.

D'un ton solennel et douloureux, le bon prêtre me faisait remarquer les tristes restes du superbe édifice. C'est là qu'on bénissait les bannières des Liégeois avant le combat; c'est dans les débris de ces chapelles que la population, pendant tant de siècles, a reçu les sacrements ; toutes nos fêtes enfin partaient de cette église : oh ! que de souvenirs se rattachent à chacune de ces dalles ! Pauvre et chère cathédrale, tu fus construite avec des morceaux de cuir en paiement, et l'on paye tes démolisseurs avec des chiffons de papier !

Je regardais sans comprendre.

(1) Démolie en 1814.
(2) Les dessins de ces ruines sont très-rares.

— Voici. A l'époque où l'on élevait nos anciens édifices, une partie des constructeurs travaillaient pour la gloire de Dieu, d'autres recevaient en échange de leur peine des morceaux de cuir portant une marque brûlée : c'était la monnaie, que le peuple nommait *dè broulé*. Aujourd'hui ne paie-t-on pas avec du papier ? Les *assignats*...

Les restes du vieux temple m'attristent ; passons.

— De votre jeune temps, cher pasteur, exécuta-t-on avec cette machine ? — Non, mon ami, on employait d'autres engins, la guillotine est un instrument nouveau ; mais ne parlons pas de ces horreurs.

— Je vous en prie !

— Soit. Les condamnés à mort, de mon temps, (je suis né en 1743) étaient pendus sur le Marché, quand le crime avait été commis à Liége : — en face de la rue Neuvice ; les autres étaient exécutés sur les hauteurs de Saint-Gilles. On rouait hors les portes de la ville, parfois on tranchait la tête sur les degrés de St-Lambert. Certains étaient condamnés à la strangulation et à la perte du poing. Tandis qu'un bourreau tournait la corde derrière le billot, par un coup de hache de son confrère, le poing tombait.

Les maîtres de confrérie des prisonniers avaient beaucoup d'ouvrage sous l'ancien régime : on faisait mettre le criminel à genoux, le greffier lui lisait sa condamnation; le bourreau lui passait la corde au cou, puis le remettait dans les mains de deux membres de la confrérie, ou de deux dames si c'était une condamnée. (1) Le coupable était déshabillé, lavé de la tête aux pieds ; puis on l'habillait de toutes pièces neuves, linge, etc.

Les membres de la confrérie le remettaient alors à deux pères capucins, qui l'exhortaient, de leur mieux, à subir avec courage et résignation le supplice qui devait venger la société et apaiser la justice de Dieu. Dès ce moment, les capucins ne le quittaient plus ; le condamné était enchaîné aux poignets et aux pieds par une chaîne légère qui lui laissait l'usage de la main, assez longue d'ailleurs pour qu'il pût marcher dans sa chambre. Une table ronde était dressée au milieu de la pièce ; elle était garnie d'une nappe, d'un crucifix entre deux chandelles allumées; en face, un plat en étain, où le public admis à visiter le malheureux déposait ses aumônes. Pendant les deux jours qui précédaient l'exécution, un quêteur des

---

(1) Les *Bibliophiles liégeois* ont trouvé dans Michel Deschamps des détails sur ces lugubres coutumes, mais ils sont si peu nombreux (les Bibliophiles) que je crois intéresser mes lecteurs en extrayant ces passages des *Essais* de Deschamps sur le pays de Liége (1785).

maîtres prisonniers faisait en outre sauter quelques pièces de monnaie en répétant sans cesse, d'un ton lamentable : « donnez pour faire prier » Dieu pour le repos de son âme.» Spectacle plus touchant et plus triste, dit Deschamps, et plus cruel que la mort.

Le troisième jour, sur toute la longueur du chemin qui conduit à l'endroit du supplice, les bourgeois dévoués à la dite confrérie quêtaient encore et n'abandonnaient le coupable que descendu de la potence, puis ils l'enterraient après l'avoir enseveli (1).

Pour en finir avec cette cérémonie, les membres de cette charitable société versaient le produit des collectes faites jusqu'au cimetière, dans les mains des capucins, pour dire des messes.

— Mais parlons d'autre chose ; j'ai un faible pour les mariages.

— Va pour les mariages : Voici justement un sujet d'observation.

Nous entrâmes dans une arrière-boutique, rue sous la Petite-Tour. Une jeune dame, un peu souffrante, visitait son linge; chaque douzaine vérifiée était placée dans l'alcôve, *li foûme èclôse*.

— Mon trousseau, M. le curé, devait se composer

(1) Deschamps. Chapitre XVII. Comme on pendait les voleurs, cette triste besogne devait arriver souvent.

de douze douzaines de chemises, mouchoirs, etc., enfin de tous les objets de toilette; mais la guerre a fait tant de mal à mes parents, qu'ils ne m'ont donné que la moitié de tout cela. Dans ma famille, les demoiselles recevaient des pièces de toile pour toute leur vie. *Qui volez-ve, les Bonapârt!...*

— Vous vous fatiguez, répondit le curé, qui était presqu'un médecin. Ménagez-vous; à quand votre premier? — Dans deux mois. — Eh bien! il ne faudra pas faire vos couches dans cette pièce pavée en pierres; cela est trop froid (1).

— J'ai eu tant d'émotion en voyant passer le cadavre de Lancelin que je croyais m'accoucher aujourd'hui.

— Ne parlons plus de cette triste affaire; allons voir l'ami Mathot.

— Au revoir, Monsieur le curé.

(1) Toutes les maisons de l'époque avaient le rez-de-chaussée pavé en pierres plates.

CHAPITRE XII.

1807.

Départ pour Bierset. — Le jubilé des vieux Mathot.

Il y a certainement du plaisir à être lié avec la famille Mathot ; il est vrai qu'en sus de notre bonne amitié, nous sommes en très-bons rapports d'affaires. Demain, 18 octobre, je vais à la ferme Mathot, à Bierset, où l'on prépare une fête de famille.

Laissez-moi faire mes apprêts de voyage. J'irai me coucher tôt, nous partons à 5 1/2 heures du matin. Bon soir.

Le lendemain, un Monsieur en habit bleu à boutons argentés, en culotte grise, tricot élastique, descendant à mi-jambe et laissant voir le bas blanc serré dans une paire d'escarpins, annonçait assez qu'il se rendait à une grande cérémonie. Le haut et rond collet montant de son habit de gala, sa belle veste de soie fond blanc à bouquets de fleurs de toutes couleurs (1) lui donnait un air

(1) Gilet descendant sur le ventre.

tout à fait pimpant. Sur son bras gauche s'appuie une forte femme, un peu pesante pour le moment. Elle porte un châle fond rouge à bouquets blancs, verts et jaunes, sur une robe foncée à taille courte. Elle est enceinte ; son nouvel embonpoint rend sa robe plus collante encore que la mode ne l'exige; mais Madame Mathot y regarde de près : elle ne fait pas changer la façon de sa toilette de noce à tous les mois de sa grossesse. Sa démarche de tambour-major n'a rien de désagréable, au contraire; et si sa robe se relève par devant, à laisser voir les trois quarts de la jambe, vous pouvez regarder : cette jambe est bien faite, le bas à jours dessine des formes un peu robustes, mais bien moulées. Il n'y a pas grand monde en ville à cinq heures du matin; on ne rencontre que des femmes des faubourgs, la tête couverte d'un énorme chapeau en feutre; la forme est ronde et la passe est d'un diamètre d'un mètre 70 centimètres. Sur ces énormes couvre-chef, à petit fond hémisphérique, elles portent les mannes remplies de légumes. De ce pas, elles se rendent au marché. Ce sont nos *cotiresse*, nos courageuses marchandes de légumes.

Le couple approche de l'église Saint-Antoine. La messe de cinq heures vient de finir; les fripières étalent leurs nippes et les vieux souliers.

Elles s'arrêtent cependant pour voir passer nos époux en grande toilette :

— *Wiss vont-ils si timpe?*

— *Elle a mettou s'nouve toque à pleume, s'il v'plaît.*

— La voisine : *Pa vormint! elle est co grosse.*

— *Nonna.*

— *Pa c'est l'deuxème feie.*

— *Wiss vont-ils, il gn'y a nolle fiesse houic?*

— *Ils vont bin sûr à quéque bai mariège. Wiss irît-ils bin?*

— La voisine : *Rattindez, jè l'sárè, mi.* Et la commère de courir près d'un individu qui gardait le cheval d'un immense cabriolet.

— *W'allez-ve don, fré, avou vosse bai gâbriolet? Quél bai ch'vâ! Qué bai ch'vâ, vormint!*

— *Bin, nos allans â viège di Bierset.*

— *Aoi, ji m'è dotéve bin, vos allez à l'cinse. Vocial vossé chège* (1); *il v'fâret on ch'vâ d'attelège po monter.*

Par égard pour l'embonpoint de la dame, on avait loué un cabriolet; mais Dupont, le maître de poste, n'est pas exigeant : c'est une dépense de 4 à 5 carolus par jour; le cheval sera nourri à la ferme.

Je suivais mes amis à quelques pas. Se souhai-

(1) Voici votre charge.

ter le bonjour, occuper les deux places à nous trois, ce fut l'affaire d'un moment; Mathot se tenait au milieu. Il écarta les jambes; on releva un petit tabouret pour placer le cocher: inutile de dire que nous étions comme des harengs. La commère nous fit alors ses adieux : — *A r'veie, savez, Madame et li k'pagneie ; amusez-ve bin.*

Une demi-heure après notre départ, toutes les femmes du marché, les marchands, les acheteurs connaissaient notre voyage ; c'était la nouvelle du jour. Dans la matinée, les habitants de la ville entière se demandaient, pourquoi nous étions partis en cabriolet pour faire un si petit trajet, et patati et patata.

— *Li jône Madame est grosse.*
— *Il fât rotter, ça fait dè bin.*
— *C'est pus haitî qui d'esse halcotté ès caroche. Divins les mâlès vôie, elle seret tote kibouièe.*

Mathot et moi, nous fûmes bien heureux de marcher pour gravir les montées ; en pleine campagne, l'air vif et la beauté de ces grandes plaines nous faisaient oublier les cahots et le mauvais état des routes.

Au loin, les clochers de St-Nicolas, de Montegnée, de Hollogne, etc., que nous laissions à droite et à gauche faisaient entendre une sonnerie inusitée ; il est vrai que les pasteurs d'Ans, de

Montegnée, de Grâce, de Roloux, de Fexhe-le-haut-Clocher, de Velroux, Voroux, d'autres et d'autres, étaient invités à la fête de Bierset.

Nous arrivons à la ferme Mathot à huit heures moins un quart. La cour est déjà remplie de groupes endimanchés ; on attend l'arrivée des mariés venant de Liége. Plus de trace de fumier ; les bâtiments, les granges, les écuries sont tapissés de verdure. Si les cloches de l'église de Bierset ne se brisent pas cette fois-ci, c'est qu'elles sont bien solides : *On sonne à jôie ; c'est co pés qu'à l'grande Pâque !*

Le cortége se prépare et s'organise en chemin. Un timbalier de Liége ouvre la marche ; il se démène comme un furieux. Un garde-chasse et le garde-champêtre, portant l'épée et le grand claque relevé par un plumet de trois pieds de hauteur, marchent derrière les timbales. Quatre des plus beaux hommes de l'endroit, habillés de rouge avec les défroques des coureurs de nos anciens princes-évêques, agitent des drapeaux loués tout exprès. Un autre du métier, genre tambour-major, fait sauter en l'air son étendard et toujours le rattrape, exercice qui amuse beaucoup les villageois. Les maîtres-varlets et toutes les personnes occupées à la ferme suivent deux à deux, le chapeau à la main. Deux générations de petits enfants prennent rang dans le cortège ; ce sont les arrière petits-fils, puis les proches parents et les notables.

Un patriarche courbé, portant la culotte de velours noir, un vieil habit marron à haut collet, des bas chinés blancs et bleus et des souliers recouverts d'une large boucle en argent, soutient sa vieille compagne ; un bâton dans leur main libre aide encore ce bon et respectable couple.

— Déjà cinquante ans que nous sommes mariés ! disait la fermière : comme le temps passe, Mathot ! — Le temps est court quand on s'aime et que l'on travaille ensemble, répondit le fermier, *qu'and on va l'dreute vôie, nosse dame, on es't awoureux*.

Les fils aînés suivent leurs dignes ascendants ; puis viennent les filles et les belles-filles, les nièces, les tantes, les cousines ; derrière la famille se massent des groupes de fermières du village et des environs.

L'église de Bierset ne pouvait contenir tout ce monde ; on se plaça le mieux possible, comme dans le cabriolet, la plupart des hommes restant sur la place en attendant l'offrande, coutume que nous retrouvons à nos messes d'obsèques.

Toute la famille, les vieux en tête, et beaucoup de villageois communièrent ; chacun voulait remercier le bon Dieu d'avoir conservé la vie et la santé aux époux Mathot, considérés comme la providence de l'endroit. Le curé fit une charmante allocution en l'honneur des deux vénérables vieillards. Prenez-les, disait-il, pour modèles ; soyez, comme eux, aussi simples dans votre vie que justes et bons dans toutes vos actions.

Plus d'un mouchoir, sans compter le mien, se mouillèrent de larmes ; les héros de la fête, pâles et contractés, éclatèrent enfin ; ils ne purent contenir les sanglots que renfermait leur cœur.

Pour eux, devenus plus sensibles par l'âge, c'était trop de bonheur ; et cependant ils se voyaient à la veille de quitter cette douce satisfaction d'avoir mérité l'estime et les sympathies de tous. Heureux vieillards, que votre sort fait envie !

Tout-à-coup, la tête, entourée d'un mouchoir blanc, de la respectable doyenne tomba en arrière ; les émotions avaient brisé la digne femme, elle perdit connaissance. Au même instant, deux de ses fils l'emportèrent du banc, une trouée se fit pour laisser passer leur précieux trésor. Elle reprit ses sens en respirant l'air frais du dehors. En ouvrant les yeux, elle se vit entourée de son mari qui lui pressait les mains, et de ses filles qui lui baignaient la figure avec de l'eau de lavande. Comme elle souriait en voyant tous les siens inquiets ! Je suis mieux, disait-elle, mais j'ai cru un moment ne plus vous revoir. *Ji pinséve enn' aller po tot.*

En cet instant, la clochette à l'autel annonçait la consécration. Les deux vieux montrèrent l'exemple en s'agenouillant sur l'herbe.

La messe terminée, l'aîné des fils donna le bras à son père ; la fille aînée soutint sa mère pour reprendre le chemin de la ferme ; tout le monde suivit sur tout le parcours. Les invités, les villageois, etc., firent la haie, les uns portant des mais, les autres des bouquets ; des branches de toutes sortes étaient plantées contre les vieux murs ; les drapeaux flottaient partout. Les chasseurs tiraient de distance en distance ; le timbalier *tribollait* de son mieux et à la grande joie de l'assemblée.

Nous avions bien besoin de prendre un petit verre, je vous l'assure. Les pauvres vieux Mathot, ils sont encore tout pâles !

La brasserie de la ferme avait fourni, pour ce grand jour, un brassin à double mesure de grains et de houblon ; cette bière était forte et excellente. Trois servantes étaient chargées d'en distribuer à toutes les personnes présentes ; le nombre des altérés était fort grand, je vous assure. On ne pouvait donner à dîner à tous les habitants des villages environnants; mais deux cuissons de pains blancs, de ce pain réservé aux grandes fêtes, avaient été coupées en tartines et placées sur des grandes tables; là, tous les paysans, buvaient et mangeaient mieux encore que le jour d'enterrement d'un riche personnage.

La foule bien repue se dispersa petit à petit ; pendant ce temps, les dames de la ferme, avec la vieille servante Géniton, avaient préparé trois longues tables pour les invités. Les porte-drapeaux, les timbaliers, les tambours et les gardes-champêtres prirent place sous un hangar. Les joueurs de timbales et de violon prétendaient ne pas être à leur rang ; comme artistes musiciens, ils devaient aller à la table d'honneur. Mais une fois l'affront noyé dans la double bière, ils se calmèrent. Dans la grande cuisine se trouvaient les enfants et les jeunes gens.

La table d'honneur était dans une immense pièce blanchie à la chaux ; cette place servait à battre le grain et de magasin ; on l'avait garnie de branches d'arbres et appropriée pour la circonstance. Les curés, les notables et les mayeurs des villages voisins, puis les *gros cinsî* et les enfants mariés entouraient les héros de la fête. On remarquait à la droite de la fermière une vieille et bonne connaissance, l'ami de la ferme, le parrain de mon ami Louis Mathot, enfin le curé Rigo.

Inutile de décrire le menu ; qu'il suffise de rappeler qu'au 18 octobre il y a tous les gibiers possibles et des fruits en abondance ; plus d'un convive a répété qu'un repas semblable était digne du prince-évêque et de nos tréfonciers.

Le repas fut très-gai, si ce n'est qu'une larme venait de temps en temps mouiller la paupière des vieux maîtres : la joie des souhaits de longue vie, l'explosion de ces élans du cœur, tout leur annonçait que bientôt ils devaient quitter cette belle famille qui leur portait tant d'affection.

Après les santés portées à l'intéressant couple et les plus vifs témoignages d'amitié et de considération, le vieux fermier se leva pour remercier ses bons amis.

D'abôrd, dit-il, *rimercians l'bon Diu po m'avu accoirdé cinquante an d'bonheur passé avou m'brave et ginteye feumme, Mareie-Jenne. Adon, ji v'rimercihe di tot m'cour, mes bons camarâde, po l'fiesse qui vos nos fez et po l'honneur qui vosse présince fait à l'veye cope di Bierset. Nos d'hans todi avou m'feumme, et nos l'repétans à nos èfant :*

    Sèyîz honnête et ginti,
    Et l'bon Diu v's'aidrèt todi ;
Fer des bin qwand on pout, c'est l'hâbitude à l'cinse :
Çou qu'fait bonheur et pâie n'est-c nin l'tranquille consciince

Eco n'feie merci, Messieu les curé et les Borguimaisse. A vosse santé tourtos et à tos mes èfant ! Et li k'pagnèie !

Les applaudissements durèrent bien longtemps; on répétait sans cesse : *Vive li cinsî ! vivât ! vivât !*

Dans ce temps-là, les toasts n'étaient pas de mode ; on débitait quelques paroles venant du cœur, mais pas de phrases.

— Huit jours après notre mariage, reprit le fermier, nous engageâmes Géniton, comme seconde servante, le 24 octobre 1757 ; dans huit jours, il y aura aussi cinquante ans qu'elle est avec nous. Elle a aidé à vous élever, mes enfants ; elle a partagé nos joies et nos peines, et dans nos malheurs elle nous a consolés ; elle n'a cessé de nous dire d'oublier *et dè mette totes nos pône et nos misére âx pîd dè bon Diu.*

Cette courageuse et respectable femme a passé sa vie avec nous ; elle fait partie de la famille ; nous ne pourrions nous séparer qu'à la mort.

Je vous invite à son jubilé, dans huit jours. »

La vieille servante Géniton avait tout entendu ; elle se retira dans un coin pour éviter les compliments et pour cacher son trouble et quelques larmes de joie et de reconnaissance.

Chacun avait vidé sa bouteille de vin de Huy ;

on était au bourgogne, on riait, on chantait, la joie était grande. Silence, silence!

Par la grande porte donnant sur la cour, voici venir un troupeau de..... petites filles en robes blanches suivies de leurs frères et cousins. Elles se dirigent vers la fermière, leur grand'maman; l'aînée, portant un gros bouquet, lui fait une profonde révérence, puis débite un compliment en wallon. Silence, silence!

BINAMÊIE MAMA (1)!

Oh! qui n'sos-je pus malenne, pus grande et pus suteie,
Po v'dire li contint'mint et l'jôie di nos ideie;
Pô v's assurer, grand'mère, di nosse grand attach'mint!
D'amour po les vix maisse cial tos les cour sont pleints.

Mâgré qui ji seûiè jône, ji k'nohe li rik'nohance;
Tot çou qu'on v'deut, jè l'sés dispôie qui j'qwitta l'bance:
Qui v's estez dès modèle, volà çou qu'on m'a dit,
Qui vos aidîz les pauve et qu'vos fez l'bin todi.

Mes chérs et bons parint, po nos aute quél bonheur,
Dè fiestî cinquante an d'ine hurèuse accopleure!
Po qui l'bon Diu v'wâde co to les jou nos prians;
Nos vorîz r'nov'ler l'fiesse jusqu'à l'age di cint an.

Ji v's invite à mes nôce po d'vins n'dihaine d'annéie,
J'serè comme vos, grand'mére, ginteye et binamêie;
J'arè des p'tits èfant qui sâront v'vènèrer;
Nos chant'rans vos mèrite essonle po mî v's aimer.

(1) Bien-aiméé bonne maman.

La petite demoiselle prononça ces paroles avec beaucoup de sentiment ; grand'mère pleura et bien d'autres, je vous le certifie ; le vin rend plus sensible. Les petits bras de la chère enfant s'entrelacèrent autour de la vieille grand'maman, et d'une manière si charmante que ce groupe rappelait les jeunes pousses vertes et grinpantes du lierre contournant les vieilles tiges qui soutiennent tout le haut feuillage en forme de tuteurs.

Pour la distraire de tant d'émotions, le curé Rigo, voisin de la fermière, fit l'éloge de tous ces beaux et vigoureux enfants. — Vous souvenez-vous du baptême de votre fils Louis, fermière ? — Comme aujourd'hui, curé. Vous étiez le parrain ; c'était en 1768. Alors vous étiez abbé et *compteu* à St-Martin. Votre mère était mon amie. Et vous êtes resté l'intime de la ferme et le protecteur de votre filleul. Notre amitié, cher Monsieur le curé, ne peut finir qu'avec la vie.

Un peu avant minuit, Messieurs les curés quittèrent la table ; ils marchaient difficilement. Après avoir porté tant de santés, ils ne tenaient plus sur leurs jambes ; ils arrivèrent pourtant chez eux en bon état. On disait alors :

Il n'y a-t-on bon Diu,
Po les ci qu'on bu.

Jamais dans aucune ferme, à vingt lieues à la ronde, on n'avait vu une fête pareille *â jubilé des vîx Mathot.*

Huit jours plus tard, on réunissait à la même place la grande famille pour fêter Géniton, la vieille servante. A table, elle fut placée entre un fils et une fille de la ferme, et en face du fermier et de la fermière.

Le patriarche rappela de nouveau que la mère de Géniton avait servi son père (1) dans la même *cense.* Après le dîner, tous les membres de la famille apportèrent un souvenir à la fidèle et laborieuse Géniton : les uns un mouchoir d'hiver; les autres un bonnet, *ine cotte di moutonne, ine paire di soler,* qui du sucre d'orge, qui des pastilles de menthe, du café, etc. Enfin elle fut comblée des douceurs et des vêtements de tous les genres et des provisions pour plusieurs années (2), et pour couronnement, la faculté de demeurer à la ferme Mathot toute sa vie sans plus devoir travailler.

— *Ji mourreus si ji n'féve pus rin,* répondit Gé-

(1) Le livre de la ferme porte l'article suivant : Louise Géniton de Mons, mars 1712. Elle doit gaigner sur l'an seize florins de Liége.

(2) Une fête semblable vient encore d'être célébrée en 1872, par une grande et ancienne famille de Stavelot, en l'honneur de 50 ans de bons services rendus par une servante.

niton. Quand je ne pourrais plus travailler, je mourrai !

Ji va dèjà veie si les pourçai sont ahessî.

Elle ne rentra dans la pièce que pour prendre le café et manger un quart de tarte aux pommes, lourde pâtisserie qui lui fit oublier les émotions de contentement.

— Que ne peut-on retrouver les filles de ces fidèles sujets ! disais-je à Madame Mathot, en revenant dans le fameux cabriolet.

CHAPITRE XIII.
1808.

Les amis Del Houbette. — Les fils. — Les chagrins de la famille. — La mère Siquet, etc.

Quelques mois après le joyeux jubilé fêté à la ferme Bierset, Madame Bebette disait à son mari : *jans, m'fi !* nous irons passer une heure chez les amis Del Houbette. Ils sont dans la peine ; nous chercherons à les distraire.

Vers les six heures du soir, l'heureux couple se dirigea par des rues étroites, boueuses et mal éclairées, vers la rue du Pont-d'Avroy ; ils entrèrent dans une maison triste et sombre comme les personnes qui l'occupaient. Un homme de soixante ans, maigre et pâle, relisait une lettre ternie par le toucher et les larmes. Voici à peu près ce qu'il raconta :

— Notre commerce nous avait donné une honnête aisance, rien ne manquait à notre satisfaction : nos petits enfants avaient force et santé ; tout me faisait espérer qu'ils soutiendraient le nom de ma famille dans l'estime et les sympathies de leurs semblables. Comme mon honorable père, je parlais souvent à mes fils des actions qui élèvent les hommes ; je leur répétais qu'une vie rangée et laborieuse conduisait à toutes les belles carrières.

Malheureusement mon aîné, le préféré de sa mère, fréquenta des gens de rien, des mauvais sujets, des recrues de l'armée française. De là, il prit le goût des liqueurs fortes ; or, la boisson conduit vers la mauvaise vie. A vingt ans, mon fils était perdu de réputation ; les familles respectables cessèrent de l'inviter ; lui-même évita d'instinct la société ; il se cachait. Alors il s'abrutit de jour en jour davantage ; la voix de sa mère, couverte de sanglots, ne pouvait plus le toucher. On lui refusa finalement de l'argent ; alors il entra dans l'armée, où les punitions les plus dures lui furent infligées. Quinze mois après, la gazette annonçait que le nommé Pierre Del Houbette, du département de l'Ourthe, avait été fusillé pour insubordination ; après avoir insulté son capitaine comme il avait manqué à son père, il s'était fait arrêter comme déserteur et condamner à mort.

Après avoir payé ses dettes, il ne me restait plus assez d'argent pour donner un remplaçant à mon second fils, celui qui me consolait par sa bonne conduite et ses témoignages d'attachement, mon soutien dans mes affaires et dans mes peines, celui enfin, qui comprenait ces mots : *honneur et famille!* Je n'avais plus dix mille francs disponibles; mon bien-aimé Martin partit pour aller se faire tuer sur le champ de bataille d'Eylau (1). Tous les soirs, nous prions en relisant cette lettre, celle qui, après six mois de recherches et d'inquiétude, nous apprit que dans la poche d'un jeune artilleur portant les galons de sergent, on avait trouvé une médaille de Notre-Dame de Chèvremont, sur laquelle était gravé : *Martin Del Houbette, Liége.*

La médaille attachée au chapelet de la pauvre mère fut montrée aux amis Mathot. La douleur des deux vieux était navrante. Si nous n'avions pas tant payé pour le mauvais fils, l'argent restait pour sauver le second, notre cher Martin.

— Heureusement, dit dame Bebette, il vous reste trois enfants.

— Oui, une fille mariée qui n'est pas heureuse. Elle est seule pour élever ses enfants : son mari s'amuse et néglige ses affaires, il a le goût des plaisirs en dehors de sa famille; tous les soirs, vous le trouverez en Souverain-Pont, au faubourg Vivegnis, dans les cabarets à vin (2).

(1) Le 8 février 1807.
(2) Les Liégeois d'alors prenaient plus de vin au cabaret que chez eux.

Cet homme a pour unique attachement la bonne chère et les vins fins. L'année dernière, sa femme fit une longue maladie; pendant que ma seconde fille soignait sa sœur, il cherchait à lui plaire, pensant déjà à remplacer la pauvre malade par la jeune fille dévouée. Par ce calcul, il doublait sa rente; on dîne mieux avec deux pensions de huit cents florins de Liége qu'avec une seule.

— Et votre plus jeune fils?

— Celui-là n'est pas adroit, il ne montre de l'intelligence que pour prouver son peu de goût et d'adresse aux affaires. Ses frères étant morts, il croit pouvoir vivre dans une douce paresse et sans travailler. Il n'est pas méchant, mais il hait la besogne; ne faisant rien de convenable, il est caché et sournois; il ne se confie à personne. Il ne se plaît qu'en compagnie de flâneurs et se sent gêné auprès des gens actifs. Fumant beaucoup, il a toujours soif; le cabaret vient naturellement à son aide : c'est là et dans son lit qu'il passe le plus d'heures de sa triste existence; sourd à tous les conseils, il n'obéit qu'à son mauvais penchant.

— Vous exagérez, Del Houbette. Votre chagrin vous fait voir tout en noir. Le jeune homme n'a pas encore trouvé son aptitude; il peut se rattraper, patience.

— Oh! mes bons amis, je suis dans le malheur,

ji m'neyereus d'vins on rèchon! Puis, essuyant une larme, il continua : La semaine dernière, cinq ou six sous-officiers français, avec qui mon malheureux fils avait bu et joué, le rapportèrent sur une civière; il était mort-ivre, couvert de boue, et devant plus de deux cents personnes, en plein jour, on le roula contre ma porte, comme un *Mathy Loxhai* ou plutôt comme un porc.

— Vous lui donnez trop d'argent.

— Le moins possible; mais il sait s'en procurer; tous les moyens sont bons pour lui.... Voilà, mes bons amis, les chagrins que me cause ma famille; quelques personnes me plaignent, mais beaucoup d'indifférents, de jaloux rient et se réjouissent de mes peines. — Pourquoi n'aurait-il pas de tourments, ce faux patriote? voilà ce qu'ils disent. Tu as voulu plus de liberté, père Del Houbette, et le nouveau régime; eh bien! tes fils te punissent dans cette liberté, car ils prétendent que l'obéissance aux parents, c'est de l'esclavage.

Puis des connaissances, des amis, des imbéciles plutôt, détournent la tête à mon arrivée, depuis que des badauds ont encombré la rue en huant mon fils, qui, je l'avoue, a contracté l'immense défaut de boire des liqueurs fortes et de hanter les dulcinées.

Si j'veus qu'on reie, so l'côp ji m'dis
Qu'on jâse de pauvre pére èlaidi ;
Puis ès grignî ou bin ès l'câve,
Bin vite ji cours, ji m'cache, ji m'sâve
Comme on voleur, comme on moudreu !

Méchantès gins, vos avez l'dreut
Dè rire, mais loukîz à vosse tâve :
Qui sét s'on n'y trouve nin quéqu'creux,
Waitîz d'vins vos hielle, comme dit l'fâve.

Que vous êtes bons, mes amis, de venir nous voir ! Beaucoup se retirent de nous et vous venez visiter la famille abandonnée, celle à qui l'on donne tous les torts aujourd'hui parce qu'elle se trouve éclaboussée.

Que Dieu vous aide à élever vos enfants ! Si votre aîné ressemble à ses aïeux, il sera bon et actif, sa conduite servira d'exemple aux plus jeunes ; il vous aimera, alors vous pourrez compter sur son respect et son obéissance ; vos enfants seront sauvés.

Quel nom porte votre aîné ?

— Louis, comme son père et son grand'père.

— Les mêmes noms sont gênants, même entre vous, puis dans les titres d'achat, les actes, etc., etc., et tout d'abord pour votre livre de famille.

— Vous avez raison; aussi je le distingue en lui laissant deux noms : Jean-Louis, troisième du nom.

— Je n'ai conservé que trois enfants, mes amis ; aujourd'hui je voudrais en avoir le double, Dieu protége les grandes familles. De mes trois garçons, deux m'ont donné cent fois plus d'ouvrage à inscrire leurs fautes, à chercher à les encourager, les relever par mes lettres et mes conseils, que n'en a eu mon père pendant toute sa longue carrière ; et nous étions dix-sept enfants chez nous. Dans son mémorial écrit jour par jour, de quoi voudrait-on qu'il se plaignît ? ses enfants l'écoutaient, sa femme ne s'interposait en rien ; mon père et ma mère se consultaient entre eux ; ce qui avait été décidé était ordonné et nous écoutions, persuadés que tout était pour le mieux de nos intérêts et pour l'honneur et la prospérité de notre famille.

— Comme dans les affaires de la ferme Mathot ; on s'aide, *on sèche à l' même coide.*

— Si ma mère avait témoigné une préférence pour l'un de nous, elle eût été réprimandée ; mon père voulait la stricte justice pour tous. Il fallait voir les aînés surveiller les frères cadets. L'un de nous était moins intelligent que les autres, eh bien ! dans la crainte qu'il ne fît quelque méchanceté ou quelqu'action contraire aux bonnes mœurs, un de ses frères l'accompagnait ; il n'était jamais seul. Comme on s'aidait entre frères ! si vous aviez vu comme nous étions bons et complaisants envers nos sœurs et comme on chérissait les grands parents ! Ah ! cher Mathot, quelle différence de famille à famille ! Chez mon père, je n'ai vu que franchise et loyauté, le mensonge n'y était pas connu ; la prospérité de l'un faisait le bonheur de tous les autres.

L'éducation première consistait à nous inspirer la foi, le respect et l'obéissance, l'ordre et l'économie, sans lesquels il n'est pas possible de s'élever doucement et honorablement. Quand notre vénéré père nous disait : mon fils, je désire que vous ne fréquentiez plus cet ami ou cette maison : cela suffit, père, disait-on ; plus tard, on reconnaissait toujours qu'il avait eu raison. »

Au moment où Madame Mathot commençait à débiter une nouvelle pour changer le courant des idées et distraire les malheureux Del Houbette, un bruit confus se fit entendre ; on frappa sur la porte de la rue à grands coups de pieds ; les gens de la maison pâlirent ou plutôt devinrent plus blêmes encore.

Le pêne de la porte retiré, celle-ci se jeta au large, poussée par le poids d'un homme ivre que le père Del Houbette et Mathot reçurent à leurs pieds, comme une masse de plomb; à travers les lambeaux de ses vêtements déchirés, le sang suintait lentement ; sa figure idiote était repoussante; l'odeur de genièvre, de tabac et d'orgie achevait de rendre ce tableau écœurant.

Ne cherchons pas à dépeindre la douleur poignante des parents ; le moindre sentiment d'honneur suffit pour qu'on s'en rende compte. Les hurlements des ivrognes, des vauriens et des poissardes faisaient le contraste le plus navrant avec les larmes de la pauvre mère et du père affolés de douleur.

Le lendemain, on racontait en ville que le fils Del Houbette était sorti de chez lui habillé de doubles vêtements, et qu'il était allé en vendre la moitié pour quelques francs, qui avaient servi à payer de la bière et du genièvre ; qu'il fréquentait des racoleurs et d'autres camarades de professions analogues, hantant des lieux où l'on fait boire les malheureux qu'on veut séduire.

En retournant, Mathot dit à sa femme : Bebette, faisons bien attention à nos enfants ; ne les gâtons pas, soyons toujours bien avec eux et toujours justes dans nos réprimandes. Tu as vu la mère Del Houbette, comme elle souffre ? Elle aura caché les fautes de ses garçons à son mari, elle aura été trop bonne et trop généreuse. Dans les maisons de commerce, on prend plus légèrement de l'argent : les mères en abusent, c'est pour leurs fils ! mais leurs fils, n'est-ce pas plus que tout au monde ?

Vois la mère Siquet, *rowe dè l'crâsse Poie* ; elle donne à son fils Joseph les 37 cârlus qu'il devait gagner par quinzaine s'il travaillait ; mais comme il préfère se promener et que l'argent est réclamé par le père, c'est la maman qui fait les comptes bons. Elle donne au fils, le fils au père ; le bon père laisse une bonne partie au fils et le reste à sa femme ; il est heureux, car il croit son Joseph laborieux. On le trompe ; mais le plus trompé de tous, c'est l'enfant ; sa mère en fait un paresseux, un mauvais sujet, un bon à rien. — Est-il Dieu possible ?

— Tu connais la femme du notaire Sincier ? Eh ! bien, celle-là court chez les commissaires pour recommander de laisser fréquenter les maisons de tolérance par son fils, après avoir donné l'ordre de l'arrêter. Oh ! les pauvres Del Houbette, comme ils sont à plaindre ! pauvres gens ! Et dire qu'on n'a plus les Bayards pour y fourrer un tas de gredins comme ceux-là !

CHAPITRE XIV.
1809.

Conseils du curé Rigo à Mme Bebette. — La tirelire. — La famille Freudcour. — Les filles du prélocuteur et leurs mariages.

Un jour, à la promenade, disait le curé Rigo à Dame Mathot, un de mes paroissiens me confiait les petits secrets de son ménage : « Ma femme
» possède de grandes qualités et de petits défauts,
» disait-il. Elle aime par dessus tout son mari et
» ses enfants ; mais ce qu'elle n'aime pas, ce sont
» les démonstrations d'amour ; par exemple, si
» je veux l'embrasser, elle me repousse en me
» disant : J'ai trop chaud ou j'ai trop froid, je suis
» occupée ; un autre jour, elle a mal à la tête ou
» ailleurs, elle n'a pas le temps, elle est allée à
» confesse, elle doit coudre un bouton, elle doit
» se dépêcher, etc., etc. Chaque moment apporte
» son excuse. »

— Je me garde bien de l'imiter, moi, répondit Dame Bebette au curé ; quand mon mari veut rire ou plaisanter, jouer aux cartes, aller à la promenade, cela me plaît, je suis toujours prête ! Je plaisante et je ris, et ne tiens pas à ce qu'il aille s'amuser ailleurs. Il venait tant de monde chez mon père ! J'écoutais les observations, et grâce à ma curiosité, j'ai appris bien des choses des ménages des autres. Sans en avoir l'air, je retiens mon mari auprès de moi, le plus possible ; je contente tous ses petits caprices et ses moindres désirs.

— C'est très-bien, ma chère Dame Bebette, vous avez de l'esprit et du tact. Mon paroissien, homme sage et rangé, a tout de même mérité une sérieuse réprimande ; et, cependant au fond de mon cœur, je lui pardonne aux trois quarts : sa femme lui a toujours montré trop peu de complaisance.

Voici le système de défense de mon paroissien :
« A chaque baiser refusé par ma femme, me
» dit-il, je pousse un morceau de papier dans
» une boîte cadenassée portant au dessus une
» ouverture, une tirelire enfin. »

— Je comprends, *on s'pâgnemâie*, dit Dame Bebette en riant.

— Tout juste. « Quand j'ai cent bouts de papier,
» je me crois autorisé à donner à d'autres dames
» cinq baisers pour cent que ma légitime épouse
» a refusés. Je prends cinq du cent. »

Dame Bebette riait aux éclats, en assurant au bon curé, qu'elle ne formerait jamais un tel capital de baisers à son mari ; Je ne veux pas lui donner de tels bénéfices, il pourrait plus tard faire de l'usure ; il me faut les épargnes, moi, capital et intérêts, tout doit rentrer à la même caisse ; chez nous, je ne veux pas d'autre *s'pâgnemâie* que le mien.... Et de rire de plus belle.

— Les extrêmes se touchent, répondit le curé en souriant : je blâme sévèrement cette paroissienne trop occupée ; mais pour les maris, il est bien triste aussi d'avoir des femmes qui ne pensent qu'à s'amuser et qui voudraient passer leur vie en parties de plaisir et à folâtrer. Là, elles se montrent plus fortes que les hommes, à la danse encore. En fait d'amusements, la femme devrait toujours être la plus raisonnable et la plus sage.

N'est-il pas honteux de voir Madame Freudcour assigner son mari à la justice de paix, et porter plainte publiquement parce qu'il ne lui témoigne pas assez d'amour ? Le pauvre homme, qui a soixante-deux ans, est encore rempli de petits soins pour elle, qui en a cinquante-sept. A des âges aussi vénérables, l'amitié devrait remplacer les autres sentiments. Le juge de paix Boverie a condamné Madame aux frais et le public l'a bafouée. Elle était furieuse.

— Je ne connais pas cette famille, Monsieur le curé.

— Il est vrai que depuis douze ou quinze ans, ils se sont retirés à Boute-li-cou. Le vieux père avait acheté un bonnier de terre pour 1800 florins de Liége; il a construit une modeste habitation, puis il a eu l'occasion d'acheter un titre de noblesse à M. Goswin, pour une bagatelle, et aujourd'hui ils se font appeler, gros comme le bras, la famille de Freudcour de Boute-li-cou! C'est sa bru que nous voyons chez le juge de paix, pour affaires de sentiment.

— C'est vrai, tout cela, Monsieur le curé?

— Mais certainement, ils sont riches; ils peuvent toujours avoir cinq à six mille francs de rente (1); ils sont retirés des affaires. De père en fils, ils *faisaient dans les chapeaux de curé et dans les bas de soie*, etc. Je m'explique ici comme en patois; je veux dire qu'ils donnaient la forme aux chapeaux, et que leur commerce consistait à fournir des habillements aux prêtres et à la maison du prince; ils ont fermé boutique à l'arrivée des Français.

— D'où venaient-ils, ces titres de noblesse?

— Voici, Dame Bebette. Goswin avait rendu de grands services au roi de Prusse, dans la diplomatie et dans plusieurs combats (2); l'argent était

(1) Les belles fortunes bourgeoises d'alors.
(2) D'après une autre version, il avait fourni du drap au gouvernement prussien pour une somme de 70,000 florins.

alors aussi rare à la cour que chez les bourgeois. Bref, le roi ne trouva rien de mieux pour s'acquitter envers son fidèle et dévoué Goswin, que de lui remettre en échange de ses bons et loyaux services, des titres de noblesse en blanc. On n'avait qu'à placer les noms de l'acheteur et il était anobli ; pas plus malin que cela. Nous avons, dans le pays, beaucoup de particules nobilières dans le genre des de Freudcour de Boute-li-cou. Mais, Dame Bebette, on ne dit pas si, en achetant le titre, le cœur et le caractère de l'acquéreur devenaient plus nobles et meilleurs. Quant à moi, je juge l'homme d'après ses qualités et non pas d'après son nom : qu'il se nomme Jacques, où baron de Jacques, ses talents et sa conduite sont les seules choses qui le distinguent à mes yeux.

— Vous voilà du nouveau régime, M. le curé ; mon père me disait cependant que vous teniez avec les beaux noms panachés, par esprit de parti.

— Je suis avec les gens honorables, nobles ou bourgeois, et j'aide le pauvre et le malheureux chaque fois que j'en ai l'occasion, sans lui demander d'avance ce qu'il est, ni ce qu'il croit.

Les titres et les honneurs ne rendent pas l'homme plus heureux. Ecoutez-moi, je crois pouvoir vous prédire les richesses ; vous et mon filleul Mathot, vous êtes actifs et loyaux ; des personnes telles que vous arrivent à posséder de grandes fortunes. Eh! bien, Bebette, rappelez-vous mes conseils ; ne redorez jamais un vieux blason vermoulu avec de l'or gagné dans l'industrie. Il arrive que les descendants de bonnes et anciennes noblesses sont tellement dégénérés qu'ils n'ont plus de sang dans les veines ; ce sont de vieux troncs d'arbres qui ne portent plus, de vieux parchemins illisibles éclaboussés de mille souillures.

— Oh! nous avons encore de beaux hommes dans nos anciennes familles de races nobles et de beaux types de santé.

— Certainement, mon enfant, ceux qui travaillent à augmenter leurs connaissances et leurs biens, qui cherchent à améliorer le sort du pauvre, ceux qui se plaisent dans de nobles occupations, dans les sciences et les arts ; d'autres encore qui veulent se rendre utiles à leurs semblables, à la société; ceux-là, Dame Bebette, restent nobles et forts ! Ils ne se ruinent ni de corps ni d'esprit. Ils ne s'allient jamais à la riche roturière ; n'y comptez pas. Vous n'auriez, pour vos filles, si vous étiez ambitieuse, que les débris d'anciennes races ramollis dans la débauche et la paresse.

— *Binamé bon Diu!* je ne tiens pas du tout à ces choses-là, moi; M. le curé. Du reste, j'ai le temps d'y penser, je n'ai pas encore de fille.

— Quand vos filles seront grandes, je ne serai plus de ce monde, et vous aurez en souvenir les conseils du parrain Rigo. N'avez-vous pas connu les charmantes filles du fameux Moulnier, le maître *pârlî*, enfin le fils de notre excellent prélocuteur?

— Certainement.

— Trois générations de vies actives et honorables étaient parvenues à amasser une fortune, en arrangeant les affaires des autres et en grattant le papier. Notre *pârlî* avait deux filles, Irène et Justine; jeunes, elles étaient douces et belles comme on rêve les anges au ciel. Amenées à échanger le beau nom de leur père, l'homme le plus estimé de la ville, contre des descendants d'anciennes noblesses, elles furent sacrifiées.

— Peut-on connaître leur nom?

— Le baron Gilles de Beaulosse, d'Awans, avait épousé l'aînée, demoiselle instruite, aimable et aimante, à l'œil vif et noir, gracieuse dans ses moindres mouvements.

— Vous parlez en amateur, M. le curé.

— Un bon curé, dame Bebette, doit avoir du goût et se connaître en toutes choses. Le baron, homme assez bien conservé, ne s'amusait que dans le désordre; il devint aussi sale dans ses paroles que dans sa conduite. Les professeurs de ses enfants rougirent bien souvent des conversations obscènes qu'il tenait devant ses filles. Celles-ci oublièrent les leçons de moralité de leurs maîtres et de leur mère, mais pas assez les discours honteux de leur père. Ce baron, devenu plus brutal encore par le contact des mauvaises femmes et des bons chevaux, ne savait parler que de choses immondes, à faire rougir ses cochers. Il mourut épuisé avant l'âge, d'un ramollissement de la moëlle. Le nom de baronne fut pour sa femme un lourd fardeau à porter, car elle possédait des sentiments aussi purs qu'élevés : son mariage avait été un long martyre.

Justine, la seconde fille du *pârlî*, épousa un marquis de constitution chétive, un fruit sec, décrépit et rabougri, qui ne put se refaire avec la fortune du beau-père ; au contraire, l'or qui avait payé son nom ne servit qu'à l'étioler complétement. « J'aime mieux la vie courte et bonne », disait le marquis. Après quelques années de mariage, j'allai consoler sa jeune et intéressante compagne ; je pus constater que le noble mari était devenu idiot. Des montagnes qui dominent le magnifique château de Fraipont, on pouvait le voir se promener, suspendu au bras d'un prêtre infirmier ; rien de plus pénible que de voir traîner ce pauvre corps crétinisé ; ou bien on le liait sur une chaise pour l'exposer à l'air et lui rendre un peu de vie ; enfin il était gâteux.

— C'est malheureux de se détruire la santé par des excès. Que les hommes sont faibles !

— Etant né chétif, il devait une part de ses infirmités à ses aïeux. Le marquis n'eut pas d'enfants : le nom fut perdu, le beau et ancien nom des marquis de Mesbrigî, alliés à nos plus vieilles familles nobles de Hesbaye.

— Tant mieux, répliqua Madame Mathot; car les pauvres petits de Mesbrigî n'auraient pas joui d'une bonne santé. Voyez plutôt mes enfants, ils *sont haitis comme des trute !* Et mon mari ! il n'a pas besoin d'infirmier, celui-là.

— Votre mari, mon enfant, vient de la campagne et de parents forts; quand il a quitté la ferme de Bierset, c'était pour habiter ma demeure. Un parrain est un second père : je lui ai conseillé d'être sage et lui ai fait comprendre les avantages d'une vie rangée ; il m'a écouté : je désire que vos enfants imitent leur père. La vie est un apprentissage continuel, un état difficile ; si pendant les vingt premières années, il ne respecte aucun maître, l'apprenti fait du mauvais ouvrage, il se fourvoie, il se perd. S'il n'écoute ni la voix de la famille ni de l'honneur, il devient l'esclave de ses honteuses passions ; c'est au vice qu'il obéit. Gardez vos enfants auprès de vous tant qu'il sera possible, Dame Mathot, et surtout ne leur donnez pas trop d'argent. L'éducation de la famille vaut infiniment mieux que toutes les autres ; jamais de pensionnats pour vos garçons. Vous savez, il suffit d'une brebis galeuse pour donner la gale à tout le troupeau. Chez vous, ils s'aimeront entre eux, ils auront de bons exemples et ils n'auront jamais l'idée des vices qu'on trouve dans les agglomérations d'enfants.

J'admire les premiers soins que vous donnez à votre jeune famille ; vous leur inspirez l'amour et la crainte de Dieu, c'est fort bien. Ils n'oublieront jamais la religion que vous leur apprendrez ; elle restera gravée dans leur petit cœur comme les caresses et les bontés que vous leur prodiguez. Et plus tard, s'ils continuent à garder le souvenir de vos premières leçons, ils ne seront jamais malheureux.

Mais je m'aperçois que je rentre dans ma profession ; je suis venu vous voir comme ami et non comme curé. Pardonnez-moi la longueur de mon sermon ; croyez bien, chère Dame, qu'il n'a été dicté que par la franche et bonne amitié que j'éprouve pour toute votre famille. Mais nous, vieux curés de paroisse, nous avons tant d'expérience, on nous confie tant de peines ! et il y a si peu de maisons où le chagrin n'ait trouvé sa porte d'entrée !

— Je vous remercie de tout mon cœur, M. le curé, pour les bons conseils que vous voulez bien me donner; je vous promets qu'ils ne s'effaceront pas de ma mémoire. Si mon mari devenait moins *amitieux* et moins expansif, je n'irais pas trouver le juge de paix, comme Mme Freudcour, je vous le promets. Au revoir, M. le curé, encore une fois merci; je me souviendrai de l'histoire de la tirelire.

CHAPITRE XV.

1810.

Les fêtes de paroisses. — Le mémorial de la jeune famille. — Le dîner. — Les farandoles. — Les bals champêtres. — Bertine. — Les vieilles chansons de danse.

Par un beau dimanche du mois de juin, tout le quartier du Nord avait pris un air de fête : au quai de la Batte, depuis le Pont des Arches jusqu'à Coronmeuse, sur toute l'étendue des rues des paroisses St-Antoine, St-Barthélemy et Ste-Foi, ce n'étaient que bannières et feuillages, des mais, des ifs, des branches de bouleau ; les rez-de-chaussées verdoyaient comme des allées ouvertes dans les fourrés de Kinkempois. Aux fenêtres ouvertes, de beaux vases remplis de fleurs ; à vrai dire, parfois le pot de grès ou d'étain remplace la porcelaine de la Chine, ou les gros vases bleus du Japon : qu'importe ? on étale ce que l'on a, les belles fleurs du bon Dieu entre deux chandelles : les bouquets font oublier les vases. Est-il nécessaire d'ajouter que le pavé des rues est jonché de feuilles vertes, de blanches marguerites, de coquelicots, enfin de tout l'émail des champs, sans compter de roses effeuillées ? *Les hiebe di portession*. Les niches des saints, *les potales*, sont doublement garnies de lumières ; deux hommes faisant sauter quelques liards sur un plat en étain demandent aux passants : *A l'honneur di la très-sainte Vierge, po saint-Roch, s'il-ve plaît?* Des autels, *reposoirs*, sont dressés sur les places et aux coins des rues ; c'est assez vous dire que nous sommes au deuxième dimanche de juin : les processions sont sorties ; elles font leur tour.

Il n'entre pas encore dans les mœurs de quitter et de fermer les boutiques le jour de la fête ; les paroissiens sont au poste pour voir passer leur nouvelle procession (1) et pour réunir la famille à un bon dîner de fête.

C'est un plaisir de voir l'animation de quelques voisins : Gérard Demet, rue Féronstrée, a fait sortir ses lauriers et ses arbustes ; son voisin expose une magnifique collection de tulipes ; au *Rossignol*, les fenêtres sont chargées de doubles *quarantains*

---

(1) Une partie de la rue *Féronstrée* et de *Hors-Château*, devant les Mineurs, appartenait à la paroisse St-André, sur le Marché ; plus loin était le ressort de Jean-Baptiste. Au XVIIIe siècle, l'église Saint-Antoine ne desservait que le couvent des Frères Mineurs.

et de pivoines ; à la maison des *Trois Flambeaux*, une quantité de roses sont attachées sur des branches d'if ; plus loin, *Au Serpent*, des *mais* entourent la porte. Ils n'empêchent pas d'entrer : on se pousse, la boutique est remplie de monde ; si la maison Slins tenait porte close, où se fournir de macarons ? *Rattindez qui l'procession seûie passêie ; nos v's ahess'rans toratte* (paroles saisies en passant).

Nous remarquons partout, dans ces joyeux quartiers, quelques habitations où les volets restent fermés : hélas ! c'est que derrière ces planches, se cachent des mères en pleurs cherchant vainement dans les rangs de la jeunesse en habits de fête, leurs fils qu'elles ne doivent plus revoir.... Le conquérant avait enlevé nos jeunes gens ; chaque jour, nous recevions des extraits mortuaires.

N'entendez-vous pas des lamentations derrière cette fenêtre ? Approchons.

> Mi fi esteut l'pus bai,
> L'pus foirt et l'pus doguesse
> Di tos ces frisses jônai ;
> Hoûie po m'belle mappe di fiesse,
> On m'donne on drap d'wahai.

Plus loin, une autre mère disait :

A l'poroche, on sonne à jôie !
On sème des fleur so les vôie,
On veut des âbe tot costé,
On ôt les chorâle chanter
Tot rottant vès les âté.
Mes lâme et mes pône, mi, so leus air ji les brôie.

Tot l'monde qwire à s'monter l'tiesse,
Tot s'dihant : c'est hoûie li fiesse. —
« Jan ! voisene, rians, chantans ?
» On z'a l'timps d'mori, vikans !
» Poquoi tant plorer n'èfant ? »
N'oyez-ve donc nin l'pauve mère ? ses cris trawet l'finiesse.

Passons vite ; ici l'on risque fort de perdre sa figure joyeuse et nous en avons besoin : nous dinons chez l'ami Mathot, à midi et demi.

La maison prospère, les affaires marchent bien, plusieurs branches rapportent : une entreprise pour les prisons, etc.

La jeune famille s'agrandit ; mon ami Mathot veut à toute force que je lise son mémorial de la maison : il suit l'exemple de son père et de toute la lignée de la ferme de Bierset. Les naissances arrivent chaque année à point nommé : elles sont parfaitement renseignées, ainsi que tout ce qui s'y rapporte, affaires extraordinaires, événements curieux, etc. A la page des naissances, le livre indique : le jour, l'heure et les minutes, la température, le quartier de la lune, les noms, prénoms et profession du parrain et de la marraine ; l'église, le saint porté du jour et maintes circonstances secrètes ou trop longues à rappeler : les maladies des enfants, les remèdes familiers, les bonnes spéculations, les bons achats, la bonne qualité des marchandises, l'usage avantageux du cuir et des étoffes, la méchanceté des gamins, le temps pendant lequel ils ont eu le sein, la journée des ouvriers, ce qu'ils font, les gages de la servante, etc. Ce livre enfin renferme *la vie*, jour par jour ; tout y est. Le temps s'y montre si bien employé que les enfants n'auront rien de mieux à faire que de relire souvent ce bon recueil, pour y apprendre à imiter leurs parents.

Le dîner de fête fut très-gai ; les grosses pièces étaient abondantes. On resta près de six heures à table, s'il vous plaît. A deux heures, les farandoles (disons à la liégeoise : les *crâmignons*), composées d'enfants commencèrent à serpenter dans la rue ; d'abord les petites filles en blanc, puis les petits garçons taquinant les jeunes fillettes, les uns et les autres n'en brûlant pas moins d'envie de danser ensemble. Patience, ils ne seront pas longtemps sans se serrer les mains : ils ont fait leur première communion dans la même église ; ils se sont vus toute l'année ; ne voyez-vous pas comme ils se recherchent, comme ils s'aiment déjà ! Ils s'aiment, ces chers enfants, ils chantent : « *Dedans ce bois....* »

A cinq heures, les dames de la société vont bras dessus, bras dessous, se promener dans les belles rues de la paroisse ; elles sortent en voisines : le bonnet et le tablier... Il y a tant de verdure, tant de branches qu'on se croirait dans des chemins de campagne. Qu'on est bien à l'air ! Allons avec les dames.

Il fait fort chaud, le temps est magnifique; beaucoup de bons bourgeois sont assis entre les arbustes sur des chaisses ou sur des bancs en pierre attenant aux façades. Presque tout le monde est dehors ; les personnes d'un certain âge et les grands parents ont repris leur déshabillé ; le beau costume en soie, la culotte et la veste à gros grains, porté à la procession ce matin, on a eu soin de tout ranger avant de se mettre à table. Ces messieurs portent la blouse en toile fine, des jaquettes claires ; voire même, ils restent en bras de chemise. Entre voisins on se connaît, on ne se gêne pas : ils causent de la guerre et de Bonaparte; d'autres plaisantent avec les voisines, d'autres encore jouent au bouchon. Ils sont dans la rue comme dans la cour ; Féronstrée, Hors-Château et la place St-Barthélemy sont pour ces jours de fête de vrais *vinâves*, des centres de grands villages.

Comme c'est animé ! des dames reviennent des vêpres, des sociétés se dirigent vers les bals du faubourg. Les grandes levées d'hommes, pour l'armée, font rechercher ces réunions : elles sont si rares, qu'on a peu de deux bras pour les dames qu'on y conduit. Des jeunes gens du quartier engagent leurs cousines, leurs sœurs et les jeunes voisines; en dansant le crâmignon, on se dirige vers le bal de la *Comète* ou de l'*Allée verte*; entendez-vous la musique ? Formons-nous en quadrille! Les chefs français ne sont pas les derniers à prendre part à nos franches et joyeuses parties de plaisir.

Vers huit heures, les papas rebourrent leurs grosses pipes noires cannelées et garnies de mille clous en argent, couvercle idem; puis toute la société se dirige vers le faubourg Vivegnis, où les bals champêtres réunissent la bonne bourgeoisie de la ville et des environs.

Les deux plus grands bals se donnent dans d'anciens jardins qui, probablement, ont appartenu à des familles opulentes, ou bien à des chanoines; les bâtiments sont vieux et fort laids, ils ont l'air d'avoir résisté au sac de Charles le Téméraire. *Amon Bolzée et amon Dallemagne.* Passons ; les jardins valent mieux.

Les costumes de l'époque s'harmonisent agréablement avec les allées droites entourées d'ifs et de buis. Ces derniers arbustes sont taillés en carrés, en boules, en cœurs ou en pyramides de toutes les formes ; ces buis découpés nous rappellent les magnifiques jardins de Versailles et les anciennes résidences de nos princes (1). Oserai-je vous dire que j'ai quitté un moment ma société pour visiter les profondeurs des parcs ? Pendant une demi-heure, je me suis égaré dans les charmilles ; mais la soirée était si belle ! malheureusement, les pots à feu répandent une mauvaise odeur de graisse : je me sauve au plus vite ! Voilà que mes yeux, s'habituant à l'ombre de la nuit, m'apprennent que je ne suis pas seul à me perdre. Dans les labyrinthes, les toilettes aux couleurs fraîches et tranchantes rappellent un peu les modes de Pompadour ; nos jeunes élégants en habit bleu clair à longs pans effilés se balançant sur la culotte nankin, ont encore un petit air d'incroyables. Puis les uni-

(1) Une partie de ces jardins a été expropriée pour construire la station de Vivegnis ; le jardin Bolsée a été coupé pour le percement de la rue des Franchimontois.

formes d'officiers français portés tantôt avec fierté et arrogance, tantôt avec l'amabilité charmante reconnue à nos voisins....

Dans ces dédales de verdure, je pouvais gêner et m'attirer une mauvaise affaire : rien de plus commun à notre époque... Chercher une issue, n'était-ce pas le plus prudent? On pouvait me prendre pour un jaloux. Enfin, me voici sorti du labyrinthe sans la plus petite égratignure. Allons retrouver notre société.

Etant dans la grande allée, j'entendis une bonne mère dire à sa fille, qui s'éloignait au bras d'un jeune homme : — *Bertine, n'allez nin pus lon qui l'dièrin lampion!* — *Nenni, mame.* — Suivez votre sœur, Marie-Jeanne, et ne la quittez pas. Arrivé au dernier lampion, le galant donne un œuf à la petite Marie-Jeanne : mangez-le, lui dit-il, l'œuf est cuit dur. Pendant que l'enfant cassait timidement la coquille, on entraînait Bertine au-delà des bornes.... à lampions. — Voyons seulement le commencement du labyrinthe; étant entré, on s'y perdait sans le savoir. La petite sœur fut bien grondée de la maman; elles se dirigèrent ensemble vers le fond du jardin en appelant : Bertine! Bertine!

Un farceur répondit : *Elle est pierdowe, vosse Bertine...*

Puis la mère recommençait ses lamentions :

Est-il possibe, todi, mon Diu !
Dè sûre dés si laidès manire?
Qwitter l'musique, ses joyeux brut,
Po s'porminer foû des loumire....

Sèreut-elle à fond dès pâquî?
Jans don Bertine, vinez don, m'feye !
Est-il trop târd po v'rihoukî?
Quél capon ! il fât qu'il v'mareie.

Bertine ! Bertine !
Le lendemain, en ville et au-delà, depuis les faubourgs Ste-Marguerite, le pont d'Amercœur, Herstal, jusque sur Avroy lez-Liége, on s'abordait en se demandant : connaissez-vous le désagrément de madame Barchon avec sa fille Bertine? Puis les méchants d'ajouter : *On n'l'a r'trové qu'à matin*.

Je rejoins ma société : elle est très-gaie ; le voisin Frésart raconte des farces du temps passé. Dans notre quartier, dit-il, un certain Vander Maesen apprenait en secret, à la mère supérieure, sa voisine, la culture des fruits ; comme ils ne voulaient pas être dérangés à la leçon, un jardinier était chargé de faire le revenant pour éloigner de la maison les jeunes curieuses qui auraient désiré s'instruire. Dans ce temps-là, on ne voulait pas éclairer tout le monde; on était avare de son savoir. Mais passons rapidement sur ces récits d'autrefois; nous pourrions entrer dans un second labyrinthe. Ecoutez maman Mathot, comme elle rit de bon cœur !

La table est couverte de bouteilles vides; on a fêté le bon petit vin du pays, de l'endroit, pour mieux dire; car on danse aux pieds des vignobles (1). Le *jus de la treille* achève de mettre tout le monde en train ; la sauterie se prolonge jusqu'à onze heures, puis nous rentrons chez l'ami Mathot, plus nombreux qu'au dîner. Le petit vin à huit et à dix sous rend le cœur plus généreux. — Entrez, Messieurs, je vous en prie : — voici le voisin Delfosse et sa dame, puis les amis Bouxhtay, Cleinge, Mathieu Bayet et François Gaillard et deux autres Messieurs que je ne connais pas ; mais vraiment tous de bons chanteurs, de joyeux compères. Comme par enchantement, la grande table se couvre d'assiettes : voici la dinde, le jam-

(1) Le faubourg Vivegnis longe des coteaux couverts de vignes. Pendant des siècles, il a été très-fréquenté par les bons viveurs ; Liége n'avait pas de *Casino*. Les danseurs n'avaient d'autres ressources que les bals de la *chaussée* Vivegnis et les fêtes de campagne. En 1810, les concerts se donnaient dans des salles de couvent, aux Anglais, etc. Chez Bolzée, au faubourg, les musiciens se plaçaient dans une alcôve et le public dans trois chambres de plain pied.

bon et deux tartes. Encore manger, me direz vous! — Mais oui, les valses, les quadrilles et le vin du faubourg ont fait digérer le dîner; et puis, comme la plupart, n'étions-nous pas revenus en chantant et en dansant le crâmignon? C'était la fête, et l'on prenait volontiers à la lettre le vieux dicton : « Où il y a de la gêne, il n'y a pas de plaisir. »

Les invités chantèrent quelques morceaux, d'abord :

> Anneau charmant, si redoutable aux belles, etc.

Un autre chantait *Joseph* :

> A peine au sortir de l'enfance, etc.

Mais il y avait trop de tapage dans la rue pour s'entendre. En voilà de la franche gaîté! écoutons cette farandole.

> Ah! Ah! je sais bien quelque chose, mais
> Je ne le dirai pas.

Comme ce chant est joli! A un autre :

> J'aime mon cousin, ma cousine, mon cousin,
> J'aime mon cousin, ma cousine.
> — Dedans un bon lit, mon cousin,
> Tout garni de dentelles, mon cousin...
> J'aime mon cousin, etc.

Que de couplets naïfs, et si naïfs dans la bouche des jeunes personnes, en dépit des gens gourmés ! Ces chants, que nous avons écoutés avec indifférence dans notre jeune âge, nous reviennent à la mémoire comme un beau rêve, comme une senteur délicate et pure. Les petits Mathot les auraient-ils oubliés ?

Un de nos personnages, que nous laisserons grandir, avait cinq ans à cette époque. Il est couché depuis longtemps : onze heures sonnent, il ne dort pas encore; le bruit de la rue est si grand ! heureusement il s'amuse en écoutant les farandoles qui passent et repassent constamment. Ecoutons avec le petit Jean-Louis, l'aîné de madame Bebette, voulez-vous (1) ?

> Les garçons sont trompeurs,
> La chose est bien certaine ;
> Quand ils sont devant vous :
> — Ma mie, que je vous aime !

(1) Nous croyons intéresser nos lecteurs en rappelant quelques mots des rondes dont on berçait les enfants au premier quart de notre siècle. Comment sont-elles arrivées chez nous et jusqu'à nous ? Ceci pourrait faire l'objet d'une étude à part. Nous les avons retrouvées avec infiniment de plaisir dans le livre du comte de Puymaigre : *Chants populaires recueillis dans le pays Messin*, (1865); ensuite, dans l'ouvrage Jérôme Bugeaud : *Chansons populaires des provinces de l'Ouest, Poitou, Saintonge, Aunis et Angoumois* (2 vol., 1866).

Mon père m'envoie t'à l'herbe,
Et ma mère au cresson.

—

Je m'suis levée de bon matin,
Plus matin que ma tante ;
Je suis entrée dans mon jardin,
Cueillir la rose blanche,
Ah! ah! ah! que l'amour me tourmente!

—

Mon père m'a mariée;
Il est temps d'm'en aller,
Un homme vieillard il m'a donné.
Gaillarde brune,
Il est temps de m'en aller,
Car j'vois la lune !

—

A Paris, sur la Rochelle,
Sautez ;
Il y a trois demoiselles,
Sautez,
Sautez, sautez, demoiselles, etc.

—

Bon, bon, si l'amour vous gêne,
Moi, non !

—

Mon père m'a fait faire
Un beau jupon blanc,
L'Allemand,
Trop court par derrière,

Trop long par devant,
L'Allemand,
L'Allemande,
Ah! je suis Allemande,
La fille d'un Allemand.

—

Change, amant infidèle,
D'amour quand tu voudras.

J'ai un voyage à faire,
J'ne sais qui le fera.
La violette se double, double,
La violette se doublera.

—

En passant par la Lorraine,
Avec mes sabots,
Il m'ont appelée vilaine,
Avec mes sabots,
Dondaine, oh! oh! oh! avec mes sabots.

—

Depuis Paris jusqu'à Rouen,
Levez les pieds, légère, légère,
Levez les pieds légèrement.

Au jardin de mon père,
Des oranges il y a.

—

Oh! non, Monsieur, je n'oserais,
Car si mon père le savait,
Je ne veux plus boire,
Oh! rendez-moi mes cent écus,
Je ne boirai plus.

A l'âne, à l'âne, à l'âne!
Attachez là votre âne,
A la porte du moulin.

—

Hier au soir j'ai tant dansé,
J'ai déchiré mes souliers.

—

En revenant de la Lorraine,
J'ai rencontré trois capitaines.

—

Ah! ah! ah! ah! ah! Cécilia, etc.

—

« Je ne suis pas si vilaine,
Tir' ton joli bas de laine,
« Le plus jeun' fils du roi m'aime,
Tir' ton, tir' ton, tir' ton bas,
Tir' ton joli bas de laine,
  Car on le verra.

—

Pendant que son grain se moulait,
Que le meunier la caressait,
Le loup a mangé l'âne ;
A l'âne, à l'âne, à l'âne !
Le loup a mangé l'âne Martin,
A la porte du moulin (1).

(1) Le petit Jean-Louis vient de s'endormir ; inutile de citer les trois à quatre cents refrains arrivés de tous les coins de la France. Nous renvoyons nos lecteurs patients et désireux d'en connaître davantage aux auteurs des recueils de chants populaires cités plus haut.

Bientôt minuit. Les plus belles danses se sont retirées, nous n'avons pas entendu :

> Hélas ! Guillaume,
> Sur le vert, sur le gris, sur le jaune,
> Hélas ! Guillaume,
> Me laiss'ras-tu mourir !

Ce sera pour demain avec d'autres :

> Sans mentir j'aimerais mieux,
> Un jeune amoureux qu'un vieux.

> La voilà, la rose blanche,
> Qui fleurit, bouton d'argent.

> Dedans ce bois, vous ne savez ce qu'il y a ;
> Il y a-z un arbre, le plus beau des arbres, etc.

> Et la plume qui s'envole, vole, vole,
> Et la plume qui s'envole au vent.

Voici une longue chaîne d'hommes et de femmes en goguettes, serpentant devant nos fenêtres restées ouvertes à cause de la chaleur et pour nous permettre de mieux entendre ; un joueur de violon marche en tête. Ils chantent en wallon :

> C'est à l'chapelle dizeu Visé,
> Qu'il gn'y a n'beguenne à confesser.

Le tout entrelardé de cris bizarres : *Vivent les viwarî? Veyès hârd à vinde!* Comme je ne comprenais pas certaines paroles, une vieille dame me dit : Elles crient : vivent les chevilles de bois qui servent à suspendre leurs nippes! ce sont les fripiers et les fripières qui *étalent* contre le mur de l'église St-Antoine, *âx Mèneu.*

A une heure du matin, on se salua : *Bonne nute savez, M. et Mme Mathot; â r'veie, jusqu'à r'compinse.* Que voulait-on dire ? — Jusqu'au plaisir de vous recevoir, jusqu'au moment de vous fêter, de vous rendre la pareille, jusqu'à la récompense de vos bontés.

Le carillon de St-Barthélemi nous annonce qu'il est plus que temps de nous coucher.

En chemin, nous rencontrons les commissaires Piette et Blochouse, et trois inspecteurs de police ; ils se dirigent vers le faubourg Vivegnis, où l'on se bat. Un habitant de Herstal, qui insultait les danseurs dans une bastringue, a reçu un coup de bâton à la tête ; on le dit mort

Arrivés rue des Onze mille Vierges, de jeunes couples et leur famille s'acheminent vers leur logis en chantant à leur tour :

> Prindez vosse bordon, Simon,
> Et s'minez bin l'crâmignon !

1ᵉʳ

Feye Bertine, n'allez nin trop lon :
   Dimanez cial !
N'allez nin v'piède ès neur bouhon
   C'est l'trô dè dial !

Prindez vosse bordon, Simon,
Et s' minez bin l'crâmignon.

2ᵐᵉ

Avou J'han n'allez nin nahî,
   Après des fleur,
A l'vesprêie divins les pâquî,
   On s'pique..., on pleure.

Prindez vosse bordon, Simon,
Et s' minez bin l'crâmignon.

3ᵐᵉ

Bertine jowa, drî les lampion,
   A respounette;
Jihan cora-t-après si âbion,
   Trova l'cachette.

Prindez vosse bordon, Simon,
Et s' minez bin l'crâmignon.

4ᵐᵉ

Li meyen d'tot nos marierans
   Noste attrapêie,
Pierdowe inc heure avou s'galant
   Amon Bolzêie.

Prindèz vosse bordon, Simon,
Et s' minez bin l'crâmignon.

CHAPITRE XVI.

1810.

Les portraits. — Le livre de la famille X. — Les anciennes processions.

On a beau dire : le lendemain d'un jour de fête passé chez les amis Mathot, on n'a pas la tête aux affaires. Je suis fatigué d'hier; allons nous promener. Sans trop savoir, mes jambes me conduisent vers les quartiers en liesse, en fête, vers la foule joyeuse.

Arrivé en face d'une grande maison à porte-cochère, rue Hors-Château, j'entends frapper sur un carreau : c'est un beau vieillard qui m'appelle.

Je reconnais un ancien ami de mon père; il est seul, mais je remarque aussitôt, sur la table, une bouteille et deux verres; le verre libre indique assez que le vieux monsieur, habitué à boire sa bouteille à quatre heures (1), désire la partager et

(1) D'habitude les Liégeois fortunés savouraient le vin de la Bourgogne hors des repas; on ne servait que de la bière à table ; le vin de Bordeaux était très-peu connu.

faire la causette. Bavard et curieux de ma nature, je saisis toutes les occasions de m'instruire, et en bon liégeois, je ne refuse jamais un verre de Bourgogne.

Le vieux M. X., est un aimable causeur ; il date de l'an 1715, mais il a encore de la mémoire comme à quarante ans et il aime encore le beau et les arts.

J'enfile un corridor toujours frais, car les murs en sont couverts de porcelaines blanches à petits carrés. De là, on me fait pénétrer dans une salle à manger toute lambrissée de chêne sculpté, comme les portes et les meubles. Les murailles sont tapissées jusqu'au plafond de beaux paysages peints par Dreppe et entourés de cadres minces, sculptés et dorés. Le salon donnant sur la rue est garni de boiseries or et blanc ; dans quelques endroits, des fonds de panneaux sont occupés par des glaces de France en deux parties jointes. Le meuble est aussi or et blanc, style Louis XVI ; au-dessus de la cheminée en marbre et au-dessus des grandes portes, de jolies peintures animées par de gracieuses bergères complètent fort bien la décoration de cette belle pièce et font oublier la raideur du style. Ce sont des Watteau, demandai-je. — C'est un peu son genre ; ce sont des Defrance, répondit X. J'ai dû cacher tous mes tableaux, quand on nous dépouillait pour les emporter en France (1). Vous n'ignorez pas que le peintre Defrance désignait à nos chers voisins les habitations qui renfermaient des peintures. Depuis cet excès de zèle, je n'ai plus voulu le recevoir.

Une partie de la population liégeoise s'était donnée à la France : nous ne devions pas être traités et dépouillés en pays conquis !

La porte entr'ouverte du salon à côté laissait apercevoir de grands médaillons ovales, encadrant des portraits de famille. En entrant, M. X. me dit qu'il se retrouvait au milieu de tous les siens. J'ai 95 ans depuis le 3 mars, ajouta-t-il: naturellement je reste le dernier ; j'attends le moment d'aller les retrouver.

Voilà mon arrière-grand-père, il a été peint par Lambert Lombard ; ici mon père et ma mère, peintures de Fisen. Voici mon oncle le tréfoncier ; là, c'est un moine du Beaurepaire, ici un bourgmestre de la cité de Liége ; puis une grande-tante, la mère abbesse des Carmélites ; plus loin, une supérieure du couvent des Anges. Ce sont des tableaux de Lairesse, de Bertholet et de Fassin. Le

(1) De temps en temps, on retrouve encore des peintures sur toile dissimulées sous les tapisseries en papier.

livre de mémoires écrit, jour par jour, depuis l'an 1482, par mes ancêtres, me renseigne non-seulement sur le prix de ces peintures, mais m'apprend aussi comme ces bons et honorables parents ont vécu, leurs peines et leurs joies, et comment ils sont parvenus à mériter la considération de leurs concitoyens, à acquérir honneurs et fortune. Le grand-père de mon aïeul était un maître valet de Voroux-Goreux ; il eut l'honneur de faire partie des milices liégeoises qui défendirent notre pays contre Charles de Bourgogne ; hardi et entreprenant, il épousa la fille d'un bourgeois, une personne active ; il s'établit dans la chaussée Ste-Marguerite, avec deux cents florins Liége, de sa femme ; 200 *cârlus*, mais du courage et de l'ordre pour une tonne d'or. Un commerce d'outils et de vieilles ferrailles a servi à élever une nombreuse nichée. Mes enfants me prient de ne plus conter toutes ces choses, mais pourquoi ? Qu'ils connaissent les hauts et les bas de la roue de fortune des familles : ils voudront tous travailler plus qu'ils ne le font. N'est-il pas honorable de s'élever, puis après une chute de se relever avec courage en conservant tous ses droits à l'estime de ses semblables ?

Jugez si je suis heureux, mon ami ; mes fils sont alliés à nos meilleures, à nos plus anciennes familles ; ils font de grandes affaires dans les armes et les fers ; et ce qui augmente ma joie, ce sont les progrès de mes petits-fils : ils ont encore les premières places à l'école centrale de l'Ourthe. Venez vider un verre de vin à leurs progrès, à la joie qu'éprouve mon père au ciel ! Buvons à ma famille, à mes descendants ! — L'heureux vieillard, l'homme de cœur, pleurait et il disait, en se retournant vers les portraits de son père et de sa mère : je ne leur ai jamais fait de la peine.

Voyez ce petit anneau tout usé, c'est l'anneau de mariage de ma mère ; voilà sa bague *à diamants*, qu'elle tenait aussi de sa mère. Ces souvenirs ne quittent jamais mon doigt. Voici également l'épingle et la montre de mon bien-aimé père ; tous ces meubles que vous voyez étaient ici avant ma naissance ; ils resteront dans ma famille, car heureusement l'aîné de mes petits-fils aime tout ce qui rappelle ses aïeux.

Il y eut un moment de silence.

— Comment avez-vous trouvé la procession d'hier, monsieur X. ?

— Pas trop mal ; mais, je l'avoue, je suis de mon temps, je préfère de beaucoup les processions de l'ancien régime. Chacun son état ; les corporations religieuses produisaient un effet plus grand, plus imposant. Je me souviens encore qu'après les tremblements de terre, les eaux trop grosses, les trop grandes chaleurs ou les gelées trop longues, ou les pluies trop abondandes, des masses de beaux moines, des béguines charmantes..., dans leurs costumes variés, se rassemblaient pour former des processions magnifiques. Les paroisses également se réunissaient à la file l'une de l'autre, comme vos armées d'aujourd'hui, avec cette différence, qu'alors on implorait le Ciel pour qu'il secourût les peuples accablés de malheurs et de sinistres; à présent, on le rassemble, ce pauvre peuple, pour le conduire à la mort !

Voyez ce dessin à la plume : il renseigne les groupes d'une procession, les uns après les autres.

Lisons :

Le tambournier (1), le capitaine, la flûte, les soldats. Le chanoine Del Tâwe, les Minimes, les Capucins, les Mineurs, les Récollets, les *Cânes* (2), les Dominicains, les Augustins, les Guillemins, les St-Gilles, les Ecoliers, les Croisiers, les Beaurepart, les St-Laurent et les St-Jacques. La croix de St-Pierre, celles de St-Martin, de St-Paul, de St-Jean, de Saint-Denis et de St-Barthélemi. Le soldat devant la croix de St-Lambert, les bé-

(¹) Copie textuelle. Les dessins sont raides et primitifs, mais ils ne manquent pas d'intérêt.

(²) Les Carmes.

néficiers de St-Pierre, de St-Martin, de St-Paul, de Ste-Croix, de St-Jean-Evangeliste, de St-Denis et de St-Barthélemi. Les chanoines des églises de St-Pierre, St-Martin, St-Paul, Ste-Croix, St-Jean-Evangeliste, St-Denis et St-Barthélemi. Les bénéficiers de St-Gilles; les chanoines de St-*Mataire* (1), un coffre (2), un porteur de support; deuxième et troisième coffres avec les porteurs et leurs supports. Ceux encore de St-*Mataire*; le dernier coffre, St-Georges, Ste-Anne, St-Joseph, puis la Vierge.

Après ces saints portés par quatre ou six hommes et deux supports, les abbés des Ecoliers, de St-Gilles, des Beaurepart et de St-Jacques (3) puis viennent les tréfonciers, St-Lambert, porteurs et supports; puis d'autres tréfonciers, le comte de Gloes et son coureur, le comte d'Argenteau, le grand Chantre; enfin le Prince-Evêque, sa suite et ses soldats.

On ne veut plus de couvents, soit! mais alors qu'on y loge les pauvres ouvriers, pas les soldats. Je n'aime pas les conquérants. Nous avons traversé une époque terrible; que Dieu veuille préserver de tels maux les générations futures et répandre partout l'esprit de paix!

(1) St-Materne.
(2) Reliquaire.
(3) Ces abbés portent la chape et la crosse.

— Vos processions du soir occasionnaient parfois du scandale, avant d'amener la pluie en temps de sécheresse?

— Il y avait des abus du temps passé, beaucoup même; mais il en aura toujours : les hommes ne seront jamais assez sages. Quand la population tout entière se levait pour suivre notre beau Saint-Lambert en argent doré, tout couvert de pierres fines ; quand on entendait le son éclatant de dix trompettes et de huit timbales, annonçant le brillant cortége de tout le clergé régulier et séculier, que c'était beau ! Nos superbes tréfonciers en manteau d'hermine, suivis de laquais portant leurs traines ; et nos prélats, et nos bourgmestres et nos échevins ! Riches et pauvres répétant les litanies, le *miserere* et le *de profundis* pour implorer la clémence du Tout-Puissant....... Eh bien ! c'était grand. Ces belles démonstrations annonçaient une foi vive (1).

— Sans doute, monsieur X.; mais la peur vous faisait demander grâce. Vos processions se faisaient autant la nuit que le jour ; vous devez vous rappeler qu'en 1758, le synode fut obligé de les

(1) Des manuscrits nous renseignent à chaque instant des processions magnifiques. En vendant leur maison sur le Marché, les bourgeois se réservaient une fenêtre au premier étage pour continuer à jouir des cérémonies religieuses, les grandes pompes de l'époque.

faire cesser à cause des scandales et des crimes qui s'étaient commis entre les deux sexes, à la faveur des ténèbres ; je l'ai lu tout au long dans nos mémoires de famille.

— Est-il besoin de rappeler ces petits désagréments?

— Un journal doit tout inscrire, tout renseigner.

— Le bien l'a emporté sur le mal, car les tremblements de terre ont cessé. Dans les grandes cérémonies, tout le clergé, l'illustre Chapitre de la cathédrale, les Ordres les plus distingués précédaient notre Prince-Evêque qui portait le Saint-Sacrement. Je vois encore une superbe procession s'arrêter devant l'hôtel-de-ville ; on donna la bénédiction devant un riche et splendide reposoir. Un agréable carillon, nous dit Mouhin, se joignait au bruit des boîtes, des timbales et des trompettes; pendant toute la marche, le canon ne cessa de ronfler et les airs de retentir du bruit harmonieux de toutes les cloches ; l'ensemble faisait l'effet le plus frappant et le plus touchant (1).

Quel déploiement de richesses! On était ébloui par les bannières en velours et en soie brodées d'or et d'argent ; puis venaient les trésors des paroisses, l'orfèvrerie des couvents, les statuettes

---

(1) Copie textuelle du manuscrit Mouhin.

en or massif, les drapeaux, et enfin la belle garde du prince, qu'on nommait *les sodârt d'à nosse*.

— Quel contraste tout ce luxe devait faire avec les carmes déchaussés en robe de bure et le peuple en guenilles suivant pieds nus !

— On y était habitué ; cette différence donnait plus de grandeur et de puissance aux représentants de l'Eglise et au chef du pays, le Prince-Evêque. A cette époque, tout le monde baissait la tête devant le costume de prêtre, devant les statues et les images des saints, aussi bien que devant les princes, les rois et les grands personnages.

Il y avait dans les campagnes des processions qui suivaient un si long parcours que réellement c'était un voyage.

A la fête de Petit-Rechain, étant lié avec le curé, je suivis la procession ; mais je ne pus marcher que le quart du trajet : le reste devenait une vraie corvée (1). Ils disaient :

> Pus d'pône pus d'mèrite,
> Pus d'pourçai pus d'tripe.

Figurez-vous que la procession était sortie

(1) Le vieillard qui avait suivi cette procession, nous disait qu'aux premières années de ce siècle, il n'y avait à Dison que deux *manège*, deux bonnes maisons et trois *baraque* si petites qu'on pouvait *pochî oute*. Aujourd'hui il n'y a pas moins de six ou sept églises et paroisses dans *ce tour de la procession*.

après une grand'messe de minuit, à une heure du matin, et qu'elle ne rentra qu'à six heures du soir. On passait à Petit-Rechain, à Chaineux, sur le Mont, à Dison, à Hodimont, à Grand-Rechain, *à Stockis*, sur les bois de Herve, etc., etc.— De mon temps, les enfants jouaient à former des autels ; ils jouaient à dire la messe, à faire des processions ; un mouchoir rouge et jaune lié sur un bâton imitait la croix, un autre servait de drapeau ; une chemise remplaçait le surplis. Aujourd'hui ils jouent aux soldats, ils font la petite guerre ; ils se battent à coups de bâton, à coups de pierre, paroisse contre paroisse. Les enfants de Ste-Catherine, de Notre-Dame-aux-Fonts et de Ste-Ursule viennent attaquer les anciennes paroisses de St-André, de St-Jean-Baptiste, de St-Georges et de St-Thomas (1). La semaine dernière, ils m'ont cassé deux carreaux de fenêtre ; c'est désagréable.

Un jour, Saint-Nicolas avait apporté à l'un de mes neveux un calice, des burettes, des chandeliers, enfin, toute la garniture d'un petit autel ; mais nous, les oncles, nous avions une clef qui ouvrait la chambre transformée en chapelle ; et là, on allait changer de position la petite vierge à

---

(1) L'église St-Antoine appartenait aux Pères Mineurs et St-Barthélemi était une Collégiale.

figure noire, si bien que l'enfant croyait à un miracle, et alors on riait !

— Oui, vous viviez au temps des miracles; les petites supercheries se faisaient sur une grande échelle, sur de grandes et saintes statues. On avait trompé les hommes avant de tromper les enfants. Je crois qu'on avait tort de mystifier les uns et les autres; ce sont de mauvaises plaisanteries. En fait de croyances, cher monsieur X., l'escamotage est chose dangereuse. Les peuples devaient croire à tant de futilités qu'ils ont commencé par douter, ils se sont méfiés; puis, le grand bouleversement arrivé, on a voulu du nouveau en toute chose, même en religion. Et tous ces cahots dans les esprits ne conduisent qu'au doute et finalement à l'indifférence.

— Plutôt croire trop que trop peu, répondit le vieillard X; à mon âge, la foi console et fortifie; il m'est si doux de croire qu'en mourant, je vais retrouver les originaux de tous ces portraits qui m'entourent et que j'aime !

— Mais, monsieur X., je ne vois pas le portrait de votre fils Antoine ?

— Je l'ai renvoyé à sa femme : il m'avait manqué de respect, je l'ai banni de chez moi, lui et son portrait.

En voyant les yeux de mon interlocuteur se

mouiller de larmes, je regrettai mon indiscrétion. Pour détourner le cours de ses idées, je lui demandai de quelle corporation il faisait partie.— Du bon métier des orfèvres, me dit-il ; nous portions l'épée : il fallait voir nos trente-deux métiers se réunir autour de leurs bannières, puis se suivre dans le plus grand ordre à la procession ; oh ! que c'était majestueux !

A cinq heures, je vis entrer MM. Grumsel, Frésart, Harzé, Donnay dit Donnea, le praticien Lambermont, de Grady, Devillers, Kinable et le curé Rigo ; j'allais oublier Rouma. Ils venaient faire la partie de cartes ; à partir de huit heures, ils soupèrent jusqu'à onze, une heure plus tard que les autres jours. N'étions-nous pas à la fête? *Li londi dè l'fiesse!*

Par discrétion, je me retire. Les rues larges de Féronstrée, devant les Mineurs, et Hors-Château sont encombrées de personnes de toutes les qualités ; les habitants viennent respirer l'air frais du soir ; les populations des ruelles, des culs-de-sac, *dè l'rowe dè l'Rose, dè l'Crâsse-Poie,* etc. forment des groupes à part. En voici dix ou douze assis en rond sur le pavé ; ils font passer sous jambe, par derrière, et par devant, etc., une pantoufle que doit découvrir un joueur placé au milieu du cercle : *on jowe à l'savatte*. Plus loin, les bancs en pierre, les bornes et les seuils des portes ne suffisent plus ; des chaises sont apportées et déposées en rond dans la rue. Dans un groupe de bons bourgeois, on raconte des fables, des nouvelles ; on parle aussi de l'imprudence de Mlle Bertine. Une dame âgée se montre indignée : elle condamne vertement la jeune fille. De mon temps, disait-elle, nous lisions dans nos livres de messe les devoirs du chrétien : qu'une fille ne doit jamais quitter sa mère; que les garçons et les filles ne doivent jamais aller à la danse ni à la veillée ; qu'il leur est interdit de se fréquenter, d'aller garder les bêtes ensemble, de..... (1).

— *Volà bin èwareie, cisse veie là*, dit un assistant, tout bas à son voisin : *S'on woiséve lî jâser dè bai Meneu....*

— *Taihîz-ve, mâle linwé : c'est-ine saquoi d'rouvî.*

Ecoutons encore cette chanson :

<blockquote>
So les rowe, les vinâve,
On veut pochî, danser,
Les copenne et les fâve
Tour à tour vont passer.

Jans don ! cuseune Daditte ;
Pochîz, corez pus vite.
</blockquote>

(¹) Voyez *le Paradis des âmes*, chez Barthélemi Collette, imprimeur, rue Sur-Meuse, à Liége, 1703.

Jans v'nez, chantez, voisenne,
A l'danse qu'on v'veuse bizer ;
Vos n'estez pus beguenne,
Les covint sont rasés.

    Jans don ! cuseune Daditte,
    Pochiz, corez pus vite.

Prians po qu'Bonapârt,
Ni fasse nin trop moudri ;
Des homme qu'il d'meûre ine part
Po rire et nos d'gourdi.

    Jans don ! cuseune Daditte,
    Pochiz, corez pus vite.

Vive les Meneu ! vive Saint-Biet'mé !
Nous apprenons que les ouvriers des faubourgs se battent et repoussent l'attaque des gens de Herstal. Il est temps de rentrer.

CHAPITRE XVII.

1810.

Le jeudi de la fête. — Les jeux au faubourg. — Un mariage. — Un repas chez Perrot à Coronmeuse.

Par une belle après-dînée, j'allai prendre les époux Mathot, *po nos porminer so l'fiesse di Sainte-Feu*. Arrivés à la porte Vivegnis, nous décidâmes qu'il fallait suivre le faubourg : on verrait plus de monde.

En effet, les bourgeois, les armuriers, les vignerons sont assis tout le long des façades, en bras de chemise, *ès purette*; ils se disposent à terminer dignement la fête. Les feux des fourneaux à zinc ne sont pas encore rallumés.

Nous sommes au jeudi, dernier jour de la fête. Il est quatre heures, les violons font entendre leurs notes joyeuses; ils appellent la jeunesse à la danse. Quel entrain! avançons. Ici une corde tendue attachée à deux maisons à travers la rue, soutient un pot de terre; des femmes et des jeunes filles se lient, à tour de rôle, un mouchoir sur les yeux, pour se diriger en aveugles vers ce vase qu'elles doivent casser au premier coup de bâton.

On paie des gages pour boire des liqueurs ; plus d'une de ces joyeuses commères, *cotiresse* ou autres, seront *pointées* ce soir. Ici des joueurs aux quilles et des *hineu à l'âwe* animent la fête par leur tapage. *Manchette!*

Avançons toujours. Place ! ce cortège, précédé de deux tambours, est un reste de la vieille corporation des vignerons. Les moins vieux marchent en tête ; les vieillards dépassant les 75 ans suivent : ils se croient encore au beau temps de leur jeunesse, ils cherchent à marcher d'un pas ferme. Leurs décorations et leurs bannières rappellent le vieux régime et nos corporations des trente-deux métiers ; ils sont d'un autre âge et trop vieux pour changer leurs habitudes, ils ont juré de suivre leurs coutumes jusqu'à la mort du dernier d'entre eux. Les bannières seront portées aux enterrements et aux obsèques par les descendants.

Vive Saint-Vincent ! *vive Saint-Vicint*, vivent les vignerons !

Ah !... voici un cortège plus alerte et plus fringant. Un beau jeune homme, tout enharnaché de rubans, de médailles et de fleurs, porte un grand sabre; un bouquet est attaché à la poignée; à la pointe, au milieu de quelques roses, apparaît la tête coupée d'un coq. Vivat, c'est le prix! Le cortège suit deux à deux et respectueusement le héros de la fête; de toutes parts, les spectateurs s'écrient: Vive Lambert, vive le coq! vive *Sainte-Feu*! Lambert Bolgî a le prix.

Nous sommes obligés d'expliquer à la dame Mathot, que le coq a été suspendu dans une manne sans fond; que la tête seulement dépassait et que les joueurs, les yeux couverts d'un bandeau, devaient se diriger vers le but. Quand ils croyaient y être, ils frappaient horizontalement un coup de sabre. Couper la tête d'un coq n'est pas chose facile, je vous assure; souvent ils frappent à cinq ou six pas sur le côté : c'est ce qui amuse et fait partir les éclats de rire des assistants.

Nos coupeurs de têtes et nos briseuses de pots se rassemblent, les deux sexes s'entremêlent; on se prend par les mains, les héros de la fête tout les premiers, La chaîne humaine s'ébranle, tourne et retourne sur elle-même dans tous les sens; les chants les plus populaires retentissent dans le faubourg.

Noste âgne qu'aveut les qwate pîd blancs,
Et les oreye à l'advinant...
A l'âgne! à l'âgne! à l'âgne!

Avançons, madame Mathot ; voici d'autres sociétés! les armuriers, les ouvriers en porcelaine et en terre vernissée (1), les ouvriers fondeurs de la Vieille-Montagne, établie à Liége, dans ce quartier, depuis quelques années (2).

Voyez ceux-ci, comme ils sont propres! la figure blême, les yeux enfoncés, bordés de poussière noire; on a peine à reconnaître nos courageux houilleurs. Les uns *jettent à l'oie*, les autres jouent aux quilles; quel plaisir on éprouve en voyant s'amuser ces braves gens! Malheureusement voici les paris, les gageures sont ouvertes; voyez ces blanches couronnes de six francs! ce sont les ouvriers houilleurs et les fondeurs; ils ont la poche bien fournie, ils parient au plus beau coup de boulet. Les pièces blanches tombent à terre comme des sous; voyez-vous ce malheureux qui jure et veut se battre, parce qu'il a perdu l'argent de deux quinzaines? Voici sa pauvre femme, suivie de cinq petits enfants; elle entraîne son mari en pleurant...

Nous entrons dans le jardin d'un autre cabaret. Une cinquantaine d'hommes de toutes les conditions, des messieurs bien habillés et des ouvriers en blouse entourent deux énormes coqs tout

(1) Maison Malherbe, fabricant d'armes, quai St-Léonard.
(2) Vers 1806.

ensanglantés, qui se battent depuis plus d'une heure, pour le plaisir des spectateurs. Pauvres bêtes! Les paris sont ouverts; chacun selon ses moyens. Les messieurs ont placé des sommes assez fortes sur le coq qui doit être vainqueur, d'après leur idée. L'un tient cinq louis pour le *vieux Caporal*; un ouvrier parie sa quinzaine que l'*Autrichien* tuera le dit *Caporal*. Les propriétaires des coqs, l'*Autrichien* et le *vieux Caporal*, sont en train de se déchirer les vêtements et la peau à trente pas de leurs bêtes. Double spectacle; la foule augmente, partons au plus vite.

A l'extrémité du faubourg, une femme montre à une autre un terrain tout piétiné. Ils sont restés là une partie de la nuit, disait-elle, puis, à nos informations, cette femme nous apprit ce qui suit :

Vous savez que Saint-Vincent, qu'on porte à la procession, est le patron des vignerons; ceux-ci ont l'habitude de déposer aux pieds de la statue, à son passage, une ou deux bouteilles de leur vin comme offrande ou pour désaltérer leurs porteurs, lesquels ont bien soin de faire une pause devant la demeure de chaque vigneron. La générosité de ceux-ci est intéressée; ils espèrent que le bon Saint leur rendra le centuple de leur don. Mais voici le hic : ce sont les porteurs qui boivent le vin, dont pas une goutte n'arrive au curé; ils se disputent en route, ils se déchirent, si bien que Saint-Vincent ne rentre jamais à l'église le jour même de son départ. La confrérie s'amuse en route ; elle va jusque dans des ruelles, des sentiers de campagne, en dépit du pasteur et malgré ses ordres formels. *C'est-on scandâle, mes binaméiès gins.* Cette année encore on a retrouvé six des porteurs étendus et le malheureux Saint brisé; ils avaient roulé tous les sept en bas d'un monticule dans une mare de boue, sous les vignes.

Trois sont encore au lit et le Saint est tout gâté; le trône redoré à neuf est cassé. Auront-ils de quoi payer les frais? je ne le crois pas. Ils boivent trop, voyez-vous; *ils buvet comme des pourçai! sav' vous*, madame (1).

A peine avons-nous quitté cette bonne femme, que nous voyons se diriger vers nous cinq hommes en guenilles, délabrés et aussi misérables de figure que d'accoutrement. Ils sont suivis par une foule d'enfants; des femmes du faubourg font la collecte pour ces malheureux prisonniers. Ce sont des espagnols occupés à nettoyer les rues;

---

(1) C'est ainsi que notre peuple avait conservé ses mauvaises habitudes ; déjà en 1615, dans son voyage à Liége, Philippe de Hurghes dit : c'est le peuple le plus dissolu en ivrognerie et paillardises qui soit à cent lieues.

ils font un pont en bois près de la tour en Bêche. D'autres mendient; un autre groupe très-nombreux travaille au mur d'eau du quai Micoud (1); une partie des pierres de St-Lambert sont employées à ces travaux. Donnons à ces malheureux : Dieu le rendra à nos frères, à nos Liégeois, qui se trouvent dans la même position et prisonniers comme eux. Mon camarade Bouxthay vient d'être tué en Espagne dans les rangs des Français !

Ah ! nous arrivons à Coronmeuse ; il est temps de commander le souper. J'entre seul chez Perrot, *au petit Chaudfontaine*, je prie une des demoiselles de préparer une oie et demie que nous viendrons manger dans une demi-heure. Nous sommes trois.

Mes amis Mathot continuent leur promenade vers Herstal; je vais les rejoindre. Là, nous voyons une chose étrange : Herstal est aux portes de Liége et nous ne connaissons nullement cette coutume ! Nous remarquons en face de presque toutes les maisons une botte de paille, plus ou moins grosse ; au bout de la rue on y met le feu....

— Qu'est-ce que cela signifie ? A ma demande, une dame s'approche et nous dit, qu'il venait de

---

(¹) Quai (aujourd'hui boulevard) de la Sauvenière, construit sous l'administration du préfet français Micoud d'Umons.

se faire un beau mariage. Les jeunes gens, ajouta-t-elle, appartiennent l'un et l'autre à des familles respectables et bien posées ; le marié avait eu une conduite fort mauvaise, mais il est de l'endroit ; il a payé la goutte : son passé est oublié. Notre manière de témoigner notre estime et le respect que nous avons pour eux et pour leurs familles, c'est de brûler un peu de paille en face de nos habitations (1).

— L'amour ici est-il comme les feux de paille ?

— Oh! non, monsieur, puisque moi j'ai fait mourir mon mari après quinze ans de mariage, à force de trop l'aimer, sauf respect. C'était le meilleur ouvrier en mouchettes de tout Herstal. *Calin d'amour, ji v'pleurè tote mi veie, sâf respect.*

Attendez, vous verrez les jeunes mariés : les voici ! voyez, ils se tiennent par la main et ils tournent autour des bottes de paille qu'on fait flamber à leur approche. C'est la manière de remercier et de montrer qu'ils sont sensibles à l'honneur qu'on leur fait. Nous n'avons pas souvent un si beau mariage ni une si belle fête. Voici pourquoi : les parents des nouveaux époux ont peu d'ennemis. Ils vivent modestement d'un petit revenu et de la culture de leurs jardins ; ne faisant pas d'affaires, ils n'ont ni jaloux ni envieux ;

(1) Historique.

leur simplicité dans leur manière de s'habiller ne fait enrager aucun voisin. Sachant qu'ils demeurent dans un mauvais milieu, ils ne fréquentent personne, et pour échapper aux nombreux maraudeurs, ils ont fait entourer leurs jardins de murs. Ces deux familles ont toujours évité les chicanes et les procès. Ils ne sont pas bêtes, sauf respect.

Comme à Herstal, on estime les gens qui remplissent leurs obligations, il n'y a pas de haine contre eux.

Les mariages ne s'arrangent pas toujours à l'amiable, *sav' vous*, Messieurs ; quand j'ai marié ma fille Guillemine, avec le fils Jacques Bolant, de Liége, *qu'èsteut on rôleu, sâf respect*; eh bien ! une de ses nombreuses maîtresses, *qui siervéve âx qwate seyai, drî sainte-Cathrène*, est arrivée *avou ine cârmanne d'èfant* (1), *sâf respect, et dè pequet*.

— C'est triste.

— Depuis les Français, nous n'avons plus notre Cour de justice, et le vieux bourgmestre, homme sage et prudent, s'était sauvé. Mais comme il est brave homme, et qu'il ne donne pas dans les femmes, sauf respect, il m'a remboursé tous mes frais, et le vin qu'on m'avait enlevé.

— Et la servante ?

(1) Très-grande charrette en osier.

— *Bin!* elle continue ; elle sert les sous-officiers et les étrangers, à l'auberge des quatre seaux. Brave fille, sauf respect, qui cherche à se marier.

— Ah ! c'est très-bien. Est-elle sage ?

— On dit tant de choses ! mais il ne faut pas croire. On dit : qu'elle avait été bergère, avec trois bergers de son endroit ; ensuite qu'elle... Puis encore, mais voyez-vous, tout ça, c'est tous cancans, affaires de femme, sauf respect ; je ne crois à rien. La vérité, c'est qu'elle est une franche rusée ; et les sous-officiers français, avec qui elle est liée intimement, protègent sa vertu, sauf respect.

Nous remerciâmes l'aimable et intéressante veuve qui avait bien voulu nous renseigner.

— Pourrions-nous savoir à qui nous adressons nos remercîments ?

— *Bin volti*. Je suis la veuve d'Arnold de Housse, pour vous servir. *Poirtez-ve bin, s'il ve plait.*

Nous retournons chez Perrot ; nos trois couverts sont prêts. A table !

Un plat énorme nous arrive ; nous examinons si les trois pattes, les trois ailes, etc., enfin, si une volaille plus une demie, trois demi-têtes sont bien là. Tout bien vérifié : *c'est des bravès gins*, me dit madame Mathot. — Trois pots de Hougaerde, s'il vous plaît !

— *Elle est bonne, Mathot : volez-ve dè. l'sâce àx ax* (1) ?

— *Jè l'vous bin, Bebette, elle est fameus'mint bonne!*

Le plat disparu, je commande. — L'autre demi-oie, s'il vous plaît, mademoiselle, et de la bière de Hougaerde.

— A l'instant, monsieur, il faut un peu attendre ; nous avons beaucoup de monde dans le jardin et *sur la chambre*; il en faut un peu pour toutes les personnes habituées. A part : *Les quél magneu! Jesus Mariâ!* deux oies pour trois personnes. *Est-il possible, deux âwe po treus!*

— Il y a beaucoup de monde.

— N'est-ce pas, quel tapage !

— Odile, on houke dizeur?
— Ji n'sâreus-t-esse di tot costé.
C'es't-onk qui voût à beure,
In aute vout s'ragoster,
Et mi j'pâme di choleur
A cori, à trafter.

— *Odile, Odile? Pa! tot à c' te heure.*

Toutes les personnes de la maison se bousculent et courent avec des figures rouges et luisantes.

(1) Sauce à l'ail.

— *Allez 'tini l'paile, Fifine a trop chaud. Quél affreux monde !* Enfin, trois quarts d'heure sont passés ; voici la demi-oie demandée. En la servant, on nous dit qu'il n'y en a plus, qu'il en fallait pour les autres tables ; papa me gronde parce que je vous ai servi deux oies. Il en faut pour les Français, voyez-vous.

Après avoir bien soupé, nous buvons deux bouteilles de vin du faubourg ; puis en route.

Il fallut bien marcher doucement après un repas si copieux, et madame Mathot étant à la fin de sa grossesse.

En quittant le quai de la Batte pour regagner Hors-Château, nous fûmes arrêtés par un groupe de gamins, qui entouraient un malheureux renvoyé dans ses foyers pour infirmités. Son unique soulier laissait dépasser les doigts de son pied, l'autre jambe était remplacée par un bout de branche liée au genou ; il portait de la main gauche un sac vide et un gros bâton de la main droite. Sa veste française déchirée montrait la trace de plusieurs coups de sabre. Il s'arrêta en face d'une petite maison dans la ruelle près du Mont-de-Piété, puis il frappa.

Pam ! pam !
Pam ? pam ! pam ?
— Qu'est-c qui bouhe là,
Est-ce vos, Colas ?

— C'est vosse fi, mére,
Qui r'vint d'à l'guérre.
Il r'vint bin d'lon,
Avou s'bagage.

— Ave les galon,
On bai panache,
Di l'aur tot jenne,
Ou l'plèce d'on roi ?

— Nenni, môrjenne :
J'a n'jambe di bois
Et ji so boigne.

— Nous donnons six liards à ce martyr de la guerre. Il est convenable de rentrer ; un grand nombre d'ouvriers de la Préalle, de Vottem, de Herstal et de Jupille veulent prendre une revanche aujourd'hui jeudi ; battus dimanche dernier, ils reviennent armés de piques et de couteaux : les gouttelettes de sang remplaceront les fleurs semées il y a trois jours pour la procession (1).

Un cramignon de vieilles personnes arrive de

---

(1) D'après nos papiers et pétitions du siècle dernier, jusqu'en 1815, les fêtes villageoises se terminaient rarement sans plusieurs combats ; Jupille, la Xhavée, Montegnée, etc. avaient sous ce rapport un mauvais renom. La fête de Herstal se désignait par : *Li fiesse âx coutai !* Souvent les Liégeois ont été attendus la nuit dans la promenade de St-Léonard.

la rue Hongrée ; j'ai retenu ce passage chanté par une femme qui pouvait avoir 70 ans.

> Là haut, dedans ce bois, il y a-t-une fontaine,
> Là-y-où tous les amants vont soulager leurs peines,
> Mais las !
> Ah ! que ne l'a-je auprès de moi, celui queur j'aime !
>
> Là-y-où tous les amants vont soulager leurs peines ;
> Je m'y suis-t-en allé pour soulager les miennes.....
> Mais las !
> Ah ! que ne l'a-je auprès de moi, celui queur j'aime !

La danse des joyeux vieillards s'éloigne ; nous n'entendons pas le reste. Bonne nuit !

CHAPITRE XVIII.

1810.

Une page d'un mémorial de famille. — Un frac et un parapluie.
— Le médecin Q. Y.

Nous nous sommes parfaitement amusés à la fête ; il y avait des personnes *comme il faut* ; les Mathot sont de bons amis et le curé Rigo, qui est maintenant rentier (1), n'en reste pas moins un excellent homme.

J'ai remarqué (ceci entre nous) que mon habit était un peu râpé ; pour tout dire, il a plus de quinze ans d'existence ; mon frère l'a porté avant son départ pour la grande armée en 1803. Pauvre garçon, mort depuis cinq ans !

Voyons, il me faut du drap pour un frac à la mode ; irai-je chez Pauwers, au *Moulin à vent*, ou chez Müller ? Nous verrons.

(1) Après la démolition de son église St-Adalbert, Rigo avait demandé une de nos grandes paroisses ; mais ayant été devancé par un confrère, il se contenta de vivre de ses revenus et d'une messe qu'il disait tous les jours à 10 heures.

Finalement, j'ai acheté chez Müller : *c'est des bravès gins ossu*. Faisons voir mon coupon à la voisine Stiennon ; elle se connaît en drap ; je le montrerai ensuite à Lambert Wason. Prenons nos précautions.

Très-bien ! l'ami Wason trouve mon drap superbe et solide ; il me conseille de faire confectionner mon vêtement chez le meilleur tailleur, chez Osteaux.

Cet habile découpeur n'a pas *pris mesure* ; il m'a regardé des pieds à la tête et m'a salué en me disant : cela suffit, monsieur.

Autre chose : le parapluie de ma famille est si grand et si vieux ! il a été acheté il y a au moins trente ans, vers 1780, date du mariage de mon oncle.

Prenez-le par l'anneau en cuivre jaune qui est au bout ; soulevez-le pour juger de son poids. N'est-ce pas qu'il est lourd ! mais il a été bien solide ; à la vérité on le portait rarement. Quand il pleuvait, mes parents ne sortaient pas ou bien ils se couvraient d'une vieille houppelande.

Notre cousin de St-Remy avait d'autres allures : il prenait son parapluie, mais ne l'ouvrait jamais : cela gêne pour marcher. En revenant d'Ougrée par un temps d'orage, avec une société de dames, nous avons trouvé deux parapluies pour tout le village et au-delà (1).

Bref, allons chez Colombier; pour 27 à 30 florins, nous aurons de quoi nous mettre à couvert. En sortant du magasin, je rencontre mon ami Mathot, qui venait de chez Lachenal et de chez Coppenneur, où il avait été commander les provisions de ménage pour les parents de la ferme.

Chez le joaillier Hock, il avait acheté, le jour même, une croix à chatons pour sa mère : sous l'ancien régime, me dit-il, on ne vendait pas aux particuliers ; on ne fabriquait que pour les marchands.

— Ce temps est bien loin de nous !

— Que voulez-vous? mais les habitudes ne sont pas tant changées. Jamais je ne vois une pratique chez les orfèvres, ajouta Mathot.

— Mais... quand on achète une paire de boucles d'oreille, une croix, un *rond d'aur* (2) ou des boucles en argent, n'est-ce pas pour toute sa vie ? Et ces bijoux massifs ne repassent-ils pas toujours à deux et trois générations ? Mon père, le vieux fermier, porte les *orillettes* de son père et de son aïeul. Elles sont en or de ducat et elles ont la

(1) Historique. On connaissait les deux parapluies; l'un appartenait à M. De Laure, l'autre à la famille Hauzeur.

(2) Anneau de mariage.

forme du cornet de St-Hubert ; à la mort de mon père, elles viendront au fils aîné avec les boucles de souliers des dimanches, qui sont en argent.

— Si ces objets durent si longtemps, de quoi vivent-ils, Messieurs les orfèvres ?

— Ils ont une vie simple et modeste ; ils travaillent peu et leurs dépenses sont en rapport. Fabry, d'où je sors, m'a confié qu'on restait souvent plusieurs jours sans vendre pour un sou. D'après les anciennes lois, un atelier ne pouvait occuper plus de quatre personnes : le maître, ses enfants, ses ouvriers ou apprentis, tout compris quatre ! Il faut que tout le monde vive, disait-on (1). Et l'on vivait sans souci.

(1) N'y aurait-il pas quelqu'intérêt à rappeler qu'aux siècles passés la fabrication de l'orfévrerie d'église et de table était, à Liége, beaucoup plus considérable qu'aujourd'hui ? Après les Pierre-Balzan, les De Bry, les Oubard, les Du Vivier, les Dellepierre, les Mivion et d'autres célébrités dans l'art de la ciselure et de l'orfévrerie, venaient les Drion, les Termonia, les Sauveur, les Jeanne.

Quant à la fabrication des bijoux, on ne travaillait guère pour l'étranger ; ces objets se faisaient à la lime en très-petit nombre, chacun travaillant pour son magasin. La vente en boutique se bornait aux anneaux de mariage, aux garnitures de pipes, croix à la Jeannette, boucles de souliers et de jarretières, cachets, etc.

Pour la monture des pierres fines et des diamants, on ne connaissait que deux joailliers à Liége, Hock et Bourguignon ; ils ont eu, pendant leur longue carrière, en apprentissage dans leurs ateliers les Bayet, Culot Colson, Coune, Denis, Demany, Grand-

Maintenant nos bourgeois font plus de toilette. Je viens d'acheter du drap pour un frac et de la soie pour quatre florins (1), pour me faire une veste (2) !

— Moi, me dit Mathot, je viens d'acheter du velours noir pour une culotte : neuf florins, s'il vous plaît ; c'est pour porter aux grandes fêtes. J'ai des mollets, voyez-vous, moi ; je ne tiens pas à les cacher par une botte à revers ni par une botte à haute tige molle. J'achète chez Pauwers, près des degrés de St-Lambert ; on irait à cette boutique rien que pour voir mamzelle Ransonnet : *Quélle binameie bâcelle qui Rosalie !* Il faut qu'on achète auprès d'elle.

A deux pas, nous entrâmes dans la petite rue *aux Braz*, sur le Marché, à *l'Flavinette*, cabaret renommé pour sa bonne bière.

jean, Duguet, Caillard, Julin, Magis, Horne, Piette, Tilmant, Kuyl, Stoumont, Rongé, Pirson, Jenicot, Hubart, etc.

Trois hommes intelligents ou plus entreprenants que les autres, commencèrent, sous l'Empire français, des fabriques en gros ; ils luttèrent avec avantage contre la fabrication parisienne. Messieurs Mathieu Bayet, Grandjean-Prévot et Piette voyagèrent pendant quarante ans ; ils inondèrent la Belgique, la Hollande, le Luxembourg, Aix-la-Chapelle, etc., etc., des produits de leurs fabriques. Ces trois fortes maisons étaient très-estimées à l'étranger : sous tous les rapports, c'était de l'or en barre.

(1) Fr. 4-70.
(2) Grand gilet retombant sur le ventre.

— Le médecin Q. Y. va venir pour un de mes enfants. Je ne sais s'il va augmenter le prix de ses visites.

— Pourquoi l'augmenterait-il? Le prix le plus élevé c'est un escalin, dix patars; enfin, 60 centimes, à la française. N'est-ce pas assez?

— Oui, je le sais; mais on raconte en ville que depuis que le docteur Q. Y. fait ses visites en cabriolet, il les porte à un franc.

— Saint-Lambert!

— Il perdra bien des pratiques. On parle beaucoup de ses *airs*; il veut faire le grand, *li grandiveux*. Comment pourrait-il payer les frais du cheval et de la voiture!

Et vraiment, en repassant, nous fûmes distraits par un mouvement inusité; les femmes du Marché, les *mâguineresse*, couraient vers le chemin pour voir passer le cabriolet du docteur Q. Y., et chacune de faire ses commentaires. Ecoutons :

— *Il a des aguesse, dai l'binamé; il n'pout pus rotter.*

— *Tins! volâ co n'saquoi d'novai : on gâbriolet, louk à c'te heure.*

— *Jèjenne? fâret bin sinti des pôce po nourri li ch'vâ! Ji n'vous pus esse malâde, paret mi. Et vos don, Jèjenne?*

— *T'as raison, Daditte, n'allans pus â méd'cin. Ni fât-il nin assoti, dihez? Ni direut-on nin onk què'nn' èva so l'Braibant, avou Madame Grailet?*

— *Tais-tu, sotte mi...., lais fer l'homme, il va nourri si ch'vâ avou dè l'poussîre d'avône.*

Passons les phrases trop peu voilées et marchons. Comme les choses nouvelles font gloser ! Voyez donc ces enfants ; ils ont fort à faire, ils ne pourront suivre le cabriolet.

— Donnez-moi un pas de conduite jusqu'à la rue Féronstrée, dit Mathot, vous verrez encore du nouveau : il y a rassemblement tous les jours devant les fenêtres du Français ; vous savez, celui qui possède une si bonne place du Gouvernement ?

— Qu'y fait-on, que voit-on ?

— Ah ! mon ami, une chose inconnue ici ; figurez-vous des rideaux attachés au haut des fenêtres et descendant jusqu'au plancher ! Bebette fait commè nos bons ménages ; elle applique de petites persiennes de deux pieds de hauteur aux carreaux ; elle n'a pas l'embarras de laver des petits rideaux.

— Oui de petites lattes peintes en vert ; c'est comme chez nous (1).

— J'irai un autre jour. Nous dînons à midi juste, je me sauve ; la soupe sera mangée. A bientôt, camarade. Mes compliments à Bebette.

(1) Le premier cabriolet pour le service du médecin Q. Y. et les grands rideaux du Français firent sensation à Liége ; on en parlait autant que des carreaux d'un pied placés rue du Stokis, chez l'horloger De Ville, qui remontait l'horloge du Palais.

CHAPITRE XIX.

1810.

Autres pages d'un mémorial. — Notre servante Marguerite.

La semaine suivante, j'allai montrer mon frac neuf à mes amis Mathot. Je fis trois tours devant eux, pour leur faire admirer la bonne tournure du vêtement.

— Combien le drap ? — Dix florins de Liége l'aune.

— Combien la façon et les fournitures ? — Frac, veste et culotte, 26 flor. 5 sous. — Il est solide, ce drap ; c'est un frac qui durera bien des années.

— Je l'espère, j'en aurai grand soin. A la procession, j'ai été sur le point de me fâcher ; l'imbécile qui me suivait de trop près ne faisait attention à rien ; la cire de son flambeau pouvait tomber sur mon beau frac. Enfin, j'en ai été quitte pour la peur.

— Mais, mon cher François, par un si beau temps, pourquoi prendre un parapluie ?

— Mon petit capucin (1) avait mis son capuchon : signe de pluie. (Je tenais à leur montrer mon acquisition.)

— Je venais en même temps, mes amis, pour vous dire que nous ne pourrons faire la fête cette année : notre vieille servante Marguerite, vous savez, qui nous a élevés et qui servait déjà mon grand-père avant ma naissance, eh bien ! la brave femme est un peu malade, elle souffre de rhumatismes ; ma mère la soigne comme une sœur, elle fait sa besogne. Ensuite, depuis quatre mois, nous n'avons plus de nouvelles de notre cousin qui doit être à Wilna. Ma mère et ma tante sont fort inquiètes. St-Lambert ! quand tout cela finira-t-il ? Ida Vottem, la bonne amie de mon cousin, *si pleure tote moite.* Quel malheur que la guerre ! Mais pourquoi, nous, Wallons, devons-nous aller nous faire tuer pour les Bonaparte ?

— Soyons prudents, ne parlez pas trop haut. Combien gagne votre servante ? demanda madame Mathot, pour changer de conversation.

— Huit patacons par année (2) comme il y a

(1) Hygromètre.

(2) Un patacon valait 8 escalins ou fr. 4-80. Par an fr. 38-40. Plus tard, les gages s'élevèrent à 14 et 15 patacons. On ne pourra plus se faire servir, disait-on alors.

quarante ans ; elle était entrée jeune, à trois patacons par an. — A propos, mon père était allé commander quinze bouteilles de vin à 25 sous et à trois escalins ; Harlez a demandé si c'était pour boire de suite. Oui, a dit mon père ; ne faisant pas la fête, ce vin se gardera-t-il (1) ?

— Si le marchand a fait cette demande, n'y comptez pas.

— Qu'allons-nous faire ? Eh bien ! nous en donnerons à notre brave Marguerite, pour lui rendre des forces.

Quant à nous, jamais nous ne prenons de vin qu'aux grandes fêtes. Nous préférons la bonne bière.

Pourriez-vous croire que notre Marguerite a conservé sa gaîté malgré son grand âge ? Elle a la réplique et des bons mots pour tout ; ses sentences et ses proverbes renferment toujours un sens droit et moral.

— Où allez-vous ? demandait un indiscret à Marguerite.

— *Ji va dreut m'vôie et j'lais l'pasai drî mi,* répondit-elle. Et quelle bonté pour les enfants ! Elle leur garde sa part de friandises. Et quelle économie ! Quand le pain et le café sont chers,

(1) Quand on allait se plaindre que le vin était gâté, il répondait : vous aviez dit que c'était pour boire tout de suite.

comme aujourd'hui, eh bien ! elle rassemble très-proprement les croûtes des plus jeunes enfants et ce pain resté après le repas est découpé, et trempé dans du lait bien chaud, pour le déjeuner de mes petits frères ; elle ne laisse rien *profaner*, rien déjeter. Donnons plutôt aux pauvres, dit Marguerite. Elle ménage les provisions ; *nos provisions*, dit-elle, comme si c'était son propre bien (1). Elle compte les fèves de café, autant de fèves par personne. Nos dépenses augmentent chaque jour, répète la pauvre vieille à ma mère, et ni les affaires ni les rentes n'augmentent. Marguerite, avant sa maladie, regardait à tout ; elle ne bougeait jamais de la maison que pour se rendre le dimanche à la messe de cinq heures, où elle allait prier pour notre famille. Ah ! j'oubliais de vous dire qu'avant la neuvaine à Ste-Odile, *elle ribowe si mantulet di coton, po z'aller à St-Jacques fer sègnî ses oûie.*

Comprenez-vous, Madame Bebette, pourquoi nous ne faisons pas la fête ?

— Mais certainement ; pourrait-on s'amuser quand une si digne femme est souffrante ? Je ne sais si ce type d'honnête et dévoué *sujet* ne va pas

(1) Ces petites économies se pratiquaient dans nos meilleures familles. Le café se vendait 4 florins la livre, le tabac 36 sous ; après l'Empire français, il se vendit à 12 sous la livre.

se perdre; déjà tous ces jeunes et farceurs de Français font tourner la tête à nos servantes; ensuite, les grandes révolutions amènent de si fameux changements!

— De tout cela, Bebette, il doit résulter de bonnes choses, reprit Mathot; mais il faut du temps.

— Une de mes amies vient d'engager Catherine Gilet à neuf écus l'année (1); et elle gagne sur les marchandises qu'elle livre. Voyez plutôt ce compte.

Livré deux gamettes de coton . . .	flor.	2	4	0
» . deux tabliers gris.	»	2	0	2
» une capote de moutonne . .				
avec doublure	»	4	16	0
» une paire de souliers (2) . .	»	4	10	0

Puisque mes parents ne peuvent vous recevoir cette année, j'irai vous prendre un de ces jours et nous retournerons chez Perrot; il y aura de jeunes oies, elles sont plus tendres.

Vous savez: madame Bidaut m'a remis une partie de ses fournitures pour l'armée, et quand on travaille on gagne de l'argent.

(1) Un écu valait trois francs.

(2) Nous tirons ces détails d'un livre de ménage et de dépenses (1810 à 1815). Une demoiselle de boutique est engagée à dix écus par an; on augmente ses gages d'un écu par année.

Est-ce assez pour se vêtir?

Nos irans-t-amon Perrot,
Nos magn'rans leu fricassêie;
Nos beurans l'hougàrd à pot
Avou l'âwe assaisonnêie,
Di l'âwe à l'tallarigot,
A l'tallarigot !

A bientôt, mes bons amis.

CHAPITRE XX.

1811.

Les fraudeurs. — Christine et Zidore. — Decamps et le maçon.

S'agissait-il d'une opération difficile, délicate ou dangereuse, on pouvait compter sur l'obligeance et le dévouement de Louis Mathot. Pour l'honnêteté, le courage et la droiture, il tenait de son père, le fermier ; pour les qualités du cœur, de son parrain Rigo.

Les parents de sa femme l'avaient prié de surveiller une embarcation qui faisait la contrebande.

Proposer à un homme juste de faire la fraude et de voler le Gouvernement ! Je vous entends ; vous vous récriez, lecteur ! Un instant, laissez-moi vous rappeler la situation. Traités en pays conquis par les Français, tout épuisés que nous étions par la guerre et par les pillards, nous fûmes chargés d'impôts nouveaux, de cent petites contributions que nous trouvions toutes aussi injustes qu'arbitraires. Les droits réclamés sur les vins et les liqueurs, par exemple, étaient gênants et vexatoires ; à toute heure, les employés pouvaient entrer chez les marchands et examiner si les bouteilles vides, les bouteilles vendues étaient marquées et portaient le certificat constatant le payement de l'impôt. Rien d'ennuyeux comme cette taxe pour les personnes chez qui il se débitait beaucoup de vins en bouteilles ; en outre, elle devait être très-onéreuse pour les débitants, tels que Cleinge, Decamps (1), Cadot, Beaujean et autres. Bref! avouons-le, on n'avait aucun scrupule, et quand on pouvait faire passer un bouchon *sâillé* (marqué) sur dix bouteilles vierges de tous droits, on était heureux. Nécessité est mère de l'industrie : on avait appris à déboucher les bouteilles sans en détériorer le cachet.

Ceci pour notification. Nous allons maintenant suivre, dans une partie du vieux Liége, une nacelle montée par trois hommes, deux *oût'leux d'à l'Bovereie* (2) et notre complaisant ami Louis Mathot.

Minuit vient de sonner à Saint-Jacques ; nous

(1) Louis Decamps, fils aîné, demeura plusieurs années en Bourgogne, comme tonnelier, pour apprendre à connaître et à soigner les vins, le commerce, etc. Il avait, à Liége, la renommée d'un dégustateur *numéro un*, comme on dit. Louis Decamps-Laloux continua la maison de son père, rue Souverain-Pont.

(2) Bateliers conduisant les bateaux sur l'Ourthe.

sommes à la fin de mars. Quand vos yeux seront habitués à l'obscurité, vous apercevrez une nacelle suivant le cours de la Meuse, assez rapide à cette époque. Vous la verrez longer les maisons d'Avroy, passer sous le pont qui se rend faubourg Saint-Gilles..., attention ! cet endroit est dangereux : il y a un bureau d'octroi.

Nos trois hommes sont couchés à plat ventre sur des ballots noirs; le ponton se laisse aller tranquillement le cours de l'eau et file comme une ombre paisible. On était au lendemain d'un jour de fête, et par surcroît de précaution, on avait eu l'occasion d'offrir quelques petits verres aux employés de service, aux *gabloux* enfin, à ceux qui devaient surveiller les bords du rivage. Hâtons-nous de le dire : ils dormaient.

Le pont d'Avroy franchi, la porte des Bégards fut laissée à gauche; puis la nacelle suivit le *bras de Meuse* (1) et s'arrêta une première fois au coin de la ruelle « Thier de la Fontaine » (2).

Là, depuis longtemps, le père d'Ombret tenait un cabaret où l'on pouvait prendre des bains chauds. Nos bateliers étaient chargés d'y déposer trois paniers de vin en bouteilles. Cette maison

(1) Aujourd'hui le beau boulevard de la Sauvenière.

(2) C'est par ce chemin que les assassins de Laruelle descendirent à la maison Warfusée, de l'autre côté de la rivière.

isolée avait plusieurs issues ; on y arrivait par la rue Basse-Sauvenière, par la rue sur la Fontaine, par les Bégards, par la porte St-Martin, enfin par un passage d'eau qui aboutissait à la ruelle, et où l'on descendait par un passage situé entre le chœur de l'église St-Jean et une brasserie.

Malgré l'heure avancée, nous vîmes, dit le mémorial de famille, trois jeunes gens *kipagnetés* (en goguette) sortir de cette maison ; loin de nuire aux fraudeurs, ces Messieurs aidèrent à débarquer les paniers ; puis ils retournèrent boire une dernière bouteille.

— Singulière heure pour prendre des bains, disaient entr'eux les bateliers.

Comme on allait quitter ce rivage, un officier français sauta dans le bateau et se blottit derrière les paniers de vin. — Au large ! dit-il d'une voix basse. D'abord, Mathot se crut surpris par un chef de la douane.—*Pierdou ès Roland-Goffe!* dit un des bateliers. Ils pensaient à se sauver en sautant à l'eau ; mais elle était trop profonde et dangereuse en cet endroit (1). Etant éloignés de cinq à six bons coups de *ferré*, une vingtaine de mètres, ils

---

(¹) L'Evêque Notger avait fait tirer du pied de la montagne St-Martin les pierres nécessaires pour bâtir les églises St-Jean-Evangeliste, St-Adalbert et d'autres ; de là une profonde cavité, qui s'était remplie d'eau. C'est dans ce gouffre que Roland des Prez

entendirent une voix d'homme qui appelait le passeur d'eau pour les poursuivre, sans doute ; mais l'heure avancée avait envoyé celui-ci se coucher. Dans sa colère, cet individu déchargea deux coups de pistolet vers la nacelle, mais heureusement sans l'atteindre. Puis, comme un écho, on entendit une femme qui criait : Ne le tuez pas pour l'amour de Dieu ! Les deux bateliers se croyaient perdus : ils répétaient leur acte de contrition ; quant à notre ami Mathot, le fraudeur *par complaisance*, il n'était rien moins qu'à son aise : il pensait à sa femme et à ses enfants. Etait-ce un officier de l'octroi ou un militaire qu'il avait à bord ? Un des hommes avait fait un geste expressif, comme pour l'assommer d'un coup de *ferré* et le jeter à l'eau ; mais le bras vigoureux de Mathot l'avait écarté. L'étranger se redressa et dit : En me recevant dans votre bateau, vous avez sauvé la vie à cet homme qui me poursuit ; j'ai mieux aimé m'échapper que de lui passer mon épée au travers du corps. C'est un jaloux ; il ne veut pas que je donne des leçons de langue

et quatorze chevaliers perdirent la vie, d'après Bouille. Depuis lors on appelait cet endroit : Roland-Goffe.

Si nos parents avaient perdu quelque chose qu'ils croyaient ne jamais retrouver, ils disaient : *c'est fini ; il est-ossi bin qu'ès Roland-Goffe.*

française à sa femme, — la plus belle des langues, pendant qu'il passe ses soirées chez Cadot, rue des Lombards, à boire du bourgogne en parlant son vilain wallon que je ne puis comprendre. » Et nos deux *bateli* (bateliers), remis de leur frayeur, de sourire dans leur vieille barbe en guidant la nacelle.

— Les nuits sont fraîches, dit l'officier, un peu pâle ; vous n'auriez pas un verre d'eau-de-vie ?

— Non, répondit Mathot ; mais deux verres de ce bon genièvre vont vous réchauffer.

Ils trinquèrent ensemble.

Après la maison des bains, le bateau suivit des accotements magnifiques ; une faible lueur de lune éclairait à leur gauche une montagne couverte de bâtisses qui ressemblaient à des fortifications verdoyantes du moyen-âge ; à différentes hauteurs, des tourelles et des châteaux-forts, puis la belle église Saint-Martin, dominant la ville et ses environs. A droite, la maison Warfusée, l'église Saint-Jean, entourée de jardins venant se baigner dans la rivière ; plus loin, des pavillons à petites tours carrées servant de vide-bouteilles.

— C'est bien beau par ici, disait l'officier ; quand Napoléon, notre grand empereur, sera le maître de l'Europe, eh bien ! vous autres vous irez monter la garde à Moscou, sur le Kremlin, et de votre vieille cité on fera une des plus belles villes de France !

— *C'est l'pequet qu'è l' fait jâser; ni li respondez nin, diha Mathot âx naiveu.*

Les eaux étaient fortes à cette époque de l'année ; elles baignaient sur toute leur largeur les prés et les rivages, qui variaient les ombres comme pour rendre le parcours plus pittoresque. L'obscurité empêchait d'apercevoir des masures, des débris d'escaliers en pierre, puis les petites cabines *nécessaires*, prenant l'air par le dessous, et tant de choses malpropres que l'on découvre toujours le long des bras de rivière traversant nos vieux quartiers, principalement en été et dans les eaux basses (1). Sur la rive droite, le *bras de Meuse* tournoyait dans la verdure des jardins et des arbustes. La nacelle côtoyait le rivage Saint-Jean (2), le pré des Pères Dominicains (3) et à gauche, la place aux Chevaux, longue et très-étroite.

En ce moment, les joyeux convives et leurs compagnes revenaient des bains, par la rue Basse-Sauvenière.

—Aux cent mille diables les ivrognes, se dit

(¹) Voyez le Jeudi-Saint (1780), tome II, page 45.

(²) Aujourd'hui le coin du grillage du Café Vénitien.

(³) Actuellement le Théâtre Royal et la statue Grétry, *li pré des Prêcheu*.

Mathot, oubliant qu'il voyageait la nuit pour alimenter les buveurs. Puis de nouveau ils recommencèrent à pleine voix leur dernière chanson :

> Rintrans podrî Saint-J'han,
> Passans drî ses potalle ;
> Après l'passeu brèyans,
> Ou hapans-li s'nèçalle.
>
> Li poite di Saint-Mârtin,
> Sèreut co bin serrêie;
> Mais po mons d'on s'kèlin
> Nos lî frans fer n'trawêie.
>
> Li posti dè Bègâ
> Est serré, m'binamêie,
> Nos jow'rans-t-â kâkâ (1)
> Tant qui l'nute seue passêie.
>
> Et n'sèrans po d'juner,
> Avou l'mére ès manège,
> Comme si n's'avîz nanné
> Sins l'pus p'tit calmoussège.

Cette société de déchaînés finit par se perdre *ès l'rowe Saint-Gègo*, rue Saint-Gangulphe. Mais au rivage, près du Pont-d'Île, il y avait deux hommes de l'octroi.

— Soyez sans crainte, dit l'étranger, et arrêtez un moment. Vous m'avez rendu un service : c'est à mon tour.

(1) Jouer à Colin-maillard.

— Arrêtez! crièrent les deux douaniers.

— Qui vive? répliqua l'officier français; passez votre chemin ou je fais feu. J'accompagne un convoi de poudre; en arrière au plus vite avec vos pipes.

Les deux employés filèrent sans demander d'autres explications.

Cette nouvelle crise passée, le bateau glissa sous le Pont-d'Ile et s'arrêta au rivage conduisant à la rue de la Wache (1).

— Quelle odeur !

— Elle vient de ce moulin, à droite, répondit Mathot au Français; c'est le moulin qui moud la chicorée sur l'île Orban.

L'officier remercia Mathot et lui remit son nom et son adresse.

— Si un jour vous aviez besoin d'un second, vous me trouverez, Monsieur, prêt à vous rendre service. Je connais parfaitement le maniement du sabre et de l'épée.

Et notre Français, touché des bons procédés de nos fraudeurs, ne s'éloigna qu'après avoir vu les marchandises en sûreté.

Un peu plus bas, vers le petit pont Thomas, au haut d'un escalier en pierre de 8 à 9 marches, une

(1) Aujourd'hui ce rivage forme un jardinet, rue de la Régence et rue de la Wache; grillages aux deux rues.

porte s'ouvrit et deux ouvriers en sortirent pour aider à monter les paniers; il y avait un magasin caché qui donnait également vers la place Saint-Denis. De cette place, on traversait la ruelle *dè Blanc-Ch'vâ* (du Cheval blanc) (1); on était rue Souverain-Pont, c'est-à-dire à destination, non sans peine ni sans dangers, comme on a pu s'en convaincre.

Nos deux bateliers descendirent la rivière (2) sous les ponts de Torrent et des Jésuites et traversèrent la Meuse pour retourner à la Boverie (3).

De la rue Souverain-Pont, où les vins étaient arrivés à bon port, Mathot reprit, par le Marché, le chemin de son quartier. Un gros papa, qui parlait assez haut à une jeune dame, se dirigeait également vers le Nord. — Ne grondez pas si fort, j'ai manqué d'y rester; sans ce brave officier, disait la jeune dame, j'étais morte dans mon bain! *Ah! qui ji so containe dè v'riveie, mi fi Zidore; j'a d'manou deux heure inte-li veie et l'moirt!*

— *C'est totès boude!* on ne va pas se laver aussi tard. *Por mi, vos estez pus neure et pus mâssite*

(1) Cette ruelle se trouvait entre l'hôtel de la Pommelette et l'hôtel du Cheval blanc (aujourd'hui les messageries Van Gend).

(2) Aujourd'hui la rue de la Régence.

(3) Le pont des Jésuites avait été construit en 1616; en avant de ce pont, le Collége (actuellement l'Université) se trouvait sur une île où l'on arrivait en nacelle (l'île aux Hochets).

qui d'vant d'avu pris vosse bagne. Ecoutez, Christine, vous aimez les jeunes officiers ; eh bien ! nous n'avons qu'à nous quitter : demain j'irai trouver votre père.

— Ne faites pas cela, Zidore ; écoutez-moi un moment, et vous serez si reconnaissant, que vous enverrez un cadeau à ce jeune et courageux officier.

Voici l'affaire : à huit heures je suis partie avec la voisine Jenicot ; de neuf à dix heures, j'ai pris mon bain, voulant avoir de l'eau chaude pour mon argent ; mais voilà qu'au moment de sortir, — j'étais cuite probablement, — il me prend une faiblesse, je retombe à l'eau ! et ce fut bien longtemps après que je revins à moi. En ouvrant les yeux, j'aperçus mon sauveur agenouillé auprès de mon pauvre corps inanimé ! je n'étais plus une femme, cher Zidore, j'étais froide comme un cadavre. L'officier frottait depuis une heure.

— Et la voisine Jenicot, était-elle là aussi pour frotter ?

— Non, mon ami ; me croyant morte, elle m'avait lâchement abandonnée. Sans ce jeune homme qui m'a frictionnée à l'eau-de-vie, vous n'auriez plus retrouvé votre petite chérie Christine, en rentrant de chez Cleinge. — Sans le vouloir, Mathot entendait toute la conversation ; il remarqua même, qu'elle pressa tendrement le bras de son bon gros mari, en lui répétant : *Qui ji so binâhe dè v'riveie, mi chér Zidore, ji r'vike!*

— Vous prenez trop de bains, répondit le mari; je veux bien vous croire encore cette fois-ci, Christine; mais, vous comprenez, je n'aime pas que vous ayez des faiblesses, et je n'aime pas non plus qu'on frictionne ma femme.

— Que pourrions-nous envoyer à ce brave officier qui m'a sauvé la vie?

— Demain nous parlerons de cela.

— Vous irez le remercier, n'est-ce pas, cher fils Zidore!

— Nous verrons.

— Il vaut peut-être mieux que j'y aille moi-même, il croirait que vous êtes mal pensant et que vous allez le provoquer. Ensuite je lui dirai que ce n'est pas vous qui avez tiré.

Le bon vieux tira de sa poche une énorme clef, ouvrit sans bruit la porte cochère d'une grande maison et ils disparurent.

En continuant son chemin, Mathot se disait que cette nuit était bien favorable à la fraude. Trois heures du matin sonnaient à St-Barthélemi quand il rentra; sa chère Bebette ne dormait plus; un des cinq enfants avait réclamé ses soins. Un bon café bien chaud attendait son *binamé Louis*.

— Je n'ai pu rien refuser à nos amis, dit Mathot à sa chère femme ; mais je vous l'avoue, je n'aime pas la fraude, ni les promenades de nuit; elles font trop découvrir les misères de la vie que l'on cache dans l'obscurité.

— Tu n'as pas froid ? Le voyage a réussi ?

— Les marchandises sont arrivées à bon port ; mais nous avons été inquiétés : on a tiré sur notre embarcation.

— *Hie ! binamêie notru Dame ! Vinez donc qui ji v' s'abresse ! Vos m'fez fruzi.*

Le père embrassa les cinq petits enfants ; puis, tout heureux, il alla rejoindre sa Bebette qui avait déjà dit plusieurs fois : *vinez m'fi, jan ! vinez.*

Le lendemain, tout ce que vous venez de lire fut inscrit au journal de famille.

Chaque jour, à peu-près, les époux Mathot recevaient le bon parrain Rigo, qui venait causer en prenant un petit verre de genièvre. Louis n'avait rien de caché pour l'ami de la maison, disons pour son protecteur. Il raconta comme il avait passé la nuit, et ses émotions, et les coups de feu, et le reste.

— A propos de fraude, dit le curé, voici ce qui est arrivé au camarade Decamps, de la rue Souverain-Pont. Ecoutez :

«Vous vous rappelez, mes enfants, qu'il y a trois ou quatre ans, l'aîné de cette famille est allé passer deux années (1) en Bourgogne pour apprendre les finesses et les malices du commerce des vins : les soins à donner, les mélanges, etc. Il est bon, n'est-ce pas, de connaître la quantité qu'on peut ajouter à d'autre vin, pour pouvoir livrer à la clientèle, pendant quarante ans, une boisson ayant toujours le même goût et le même prix ; 25 à 30 sous la bouteille ! Il fallait apprendre aussi à bien acheter les gros vins du pays de Roussillon....... Decamps fils mérita, comme son père, une excellente réputation ; son bon vin attirait les buveurs les plus honorables ; la maison bien tenue rassemblait, chaque soir, une bonne et nombreuse société.

» La distribution des pommes de terre grillées augmentait considérablement la consommation des bons bourgognes. Mais passons ces détails trop longs, et revenons à la fraude. Déclarer net les vins vendus en détail, et payer juste, cela ne convenait pas aux commerçants. Un jour, Decamps demande à son maître-maçon s'il avait un homme discret. Bref, le lendemain un maçon vint murer

(1) En 1803 (historique). En 1806, Decamps épousait mademoiselle Elisabeth Laloux, de Coronmeuse ; ils reprirent les affaires du père Decamps.

une porte de cave ; on soigne cet ouvrier, on le régale de bière et de genièvre, puis, l'ouvrage terminé, on lui donne un louis d'or pour paiement de sa journée (1). Cet homme, ébloui par la pièce de couleur si rare, — c'était bien sûr la première qu'il recevait, — se dirige à l'instant dans un petit cabaret, rue de la Madeleine. Il boit et reboit des petits verres, il paie la consommation des personnes présentes ; alors, jetant sa belle pièce sur le comptoir : — Je peux bien payer, dit-il, j'ai gagné un louis en un jour pour avoir maçonné une ouverture de cave qui est toute remplie de vin. » Toute la soirée, entre les petits verres, on parla de cette cave si riche. Et pourquoi-ci ? et pourquoi-ça ? Heureusement le cabaretier se douta de la chose ; il répondit à tous les intrigués, que c'était le bon moyen pour conserver des bourgognes-vieux. Et comprenant le danger, l'honnête cabaretier courut dire au maître de la cachette que son secret était divulgué, et ce qui s'était passé la veille au soir à son comptoir. On remercia le voisin ; on fit revenir le même ouvrier, et, sans lui faire le moindre reproche sur son indiscrétion et ses bavardages, Decamps lui dit :

(1) Historique; note de la famille. Sous le Gouvernement français un impôt très-élevé avait été porté sur les vins ; les douaniers avaient la clef des caves des marchands.

— Jacques ! les affaires sont changées ; cette porte bouchée nous gêne, ouvrez-là. *Les guèrre ni r'vinront pus, c'est tot fini. Et les vin di cist'annëie seront les meyeu! Nos allans vûdî cisse câve po l'rimpli avou dès vin dè l'comète, 1811. Dimolihez vosse meur, Jacques!*

» Le mortier n'étant pas séché, la porte fut vite débarrassée de sa fortification ; le tout remis dans son premier état, on paya à l'ouvrier une journée ordinaire, 27 à 30 sous. Il ne comprit rien à ce changement d'un jour à l'autre ; ce qu'il comprit moins encore, c'est que pour murer une porte il avait gagné un louis, et pour l'ouvrir, une simple journée.

» Quelque temps après cette désagréable aventure, un homme plus discret et moins buveur vint reboucher cette même porte. »

— Et les vins, comment va-t-on les chercher?

— Entre nous, je vais vous le dire confidentiellement, dit le bon curé ; dans le fond d'une grande armoire, à la cuisine, se trouve une trappe bien cachée et recouverte d'un gros meuble ; un escalier provenant d'une vieille bâtisse était hors d'usage ; il sert de nouveau, comprenez-vous? Mais motus là-dessus, soyons prudents. Il y a aussi les petits moyens ; quand les douaniers arrivent en visite, on leur fait prendre quelques verres de vin; cela les rend moins fureteurs et moins *rats-de-cave* (1).

C'est par l'escalier dérobé qu'on allait chercher les bouteilles qui n'avaient pas payé les droits; elles paraissaient à la table des clients, coiffées du bouchon cacheté venant d'une autre bouteille vidée. Pas un mot là-dessus, mes enfants.

La fraude, voyez-vous, est toujours un métier dangereux, mes amis, à votre place je préférerais le commerce au grand jour. Mettez plus de temps à faire fortune, mais ne cherchez pas les émotions et les mauvaises nuits qu'on éprouve en cherchant à trop gagner. Les spéculations justes et loyales sont toujours les meilleures; croyez-moi, la conscience est tranquille et l'on conserve plus longtemps le bien acquis. Je vous laisse à vos ouvrages: au revoir, *fiou* (2); *à r'veie, Bebelte*.

— A bientôt, parrain; au revoir, M. le curé.

(¹) A cette époque, *rat-de-cave* était le nom donné aux employés de l'octroi.

(²) Filleul.

CHAPITRE XXI.

1811.

Première éducation de Jean-Louis. — Une fable. — Les conseils de Rigo à Mme Mathot.

— Y a-t-il quelqu'un de malade, que vous occupez la chambre ?

— Non, mon parrain ; vous savez, Bebette ma femme est très-forte, elle ne garde la chambre que quatre ou cinq jours après ses couches. Un des enfants demande des soins et de la chaleur ; voilà pourquoi nous montons deux heures plus tôt.

Maman Mathot vient de laver ses trois plus jeunes enfants avant de les coucher ; elle vaque aux plus petits détails : pour que la lumière ne les oblige pas à regarder de travers, elle la place derrière les berceaux; pour que leurs petites oreilles se rapprochent de la tête, les enfants portent de petits serre-tête en toile fine, *des béguin*. Les linges sont frais ; ils sentent le réséda.

Le petit Jean-Louis et son frère cadet écoutent attentivement une fable que la bonne maman raconte.

De la pièce voisine, nous ne perdons pas une parole.

— C'était une fois une pauvre femme qui n'avait pour se loger qu'un petit trou creusé dans la montagne ; de ce mauvais réduit, elle tendait la main aux passants et priait pour eux en récompense. Un jour elle vit passer le bon Dieu ; celui-ci connaissant toutes les langues et les patois, principalement celui de la province de Liége, ne voulut pas l'embarrasser et lui parla de la sorte :

— *Bon joû, Marôie, qu'est-ès s' calbotte ?*

— *Bon joû, binamé bon Diu. Vos estez si bon, binamé bon Diu; vos d'vrîz m'dinner ine pitite vache po z'avu dè lessai !*

— *Vos l'ârez, Marôie.*

Hut joû après li bon Diu r'passe. — *Bon joû, Marôie ?*

— *Bon joû savez, binamé bon Diu, ji v'rimercihe baicôp d'feie po l'vache; mais, veyez-ve, il m'fâreut on p'tit s'tâ po l'mette.*

— *Vos l'ârez, Marôie.*

Ine aute feie qui l'bon Diu v'na-t-à passer, et todi fôirt honnête : — *bon joû Marôie ?*

— *Haie ! bon joû, savez binamé bon Diu ! Ji sos fôirt mâ logeie, parèt, binamé bon Diu, ès m'calbotte;*

poz-aller avou mi s'tâ il m'fàreut ine pitite mohonne.

Ine qwatrème feie li bon Diu li accoide des meube et totes les ahesse ; ine cinquème feic des terre, des waite, des bais âbe chergî d' frûtège.

Enfin, Marôie, grâce â bon Diu, esteut div'nowe li pus riche cinsèresse di tos les viège à doze heure âtoû.

Six meus pus târd, vocial li bon Diu qui passe èco.

— Bon joû, Marôie, vos v'là containe â c'te heure ; vos n'avez pus rin à sohaiti, vos v'là pus riche qui vosse Signeur !

— Haie ! bon joû, savez, binamé bon Diu ; ji so bin binahe dè v'riveie, aller. Ji m'annôie si fôirt, dai, ja l'timps si long. Il m'sonle qui manque ine saquoi à m'cour ; il m'fàreut ine kipagneie, in' homme po rire avou et passer m'timps.

In' homme, po Marôie, vos n'arez onk.

— Merci savez, binamé bon Diu.

On meus après, Marôie alléve si marier avou l'pus foirt et l'pus bai valet di l'endroit ; in' homme comme on tambour-majôr.

Li prétimps riv'nou, on oya co li l'voyageur dire, tot passant : Bon joû, Marôie ?

— Haie ! bon joû, binamé bon Diu, vos v'ricial avou l'bon timps ? Hie ! qui j'so binâhe dè v'riveie.

— Kimint va-t-il, voste homme ? esst-il joyeux,

èl veyez-ve voltî? Ji creus qui vos avez bin tot çou qu'il v' fât.

— Bin aoi, binamé bon Diu, l'homme n'est nin haïâve, il est assez agréâbe et sotinesse ; il magne ess beut-il bin, c'est in' homme d'adreut. Nos térre rapoirtèt baicôp, nos avans l'pus belle mohonne et l'pus bai bin di l'endroit, et, mi homme si nomme Jihan Mottet, tot court. Il lî fâreut ine belle plèce po les honneur. Fez-è on mayeur, allez, binamé bon Diu, ou l'Signeur dè pays !

— Voste homme est Mayeur dés hoûie ; tos les papî sont so s'tâve.

— Merci co cint feie, savez, binamé bon Diu, merci.

— A' r'veie, Marôie.

Après tant d'aweur, volà Marôie, li brubeuse, qui s'mousse comme les madame d'â chestai ! elle poite dès cotte di reudès sôie, des vraies cârton ! et volà qu'elle fait poîrter on chapai claque à si hommé et ine longue sâbe qui lî barloque divins les jambe ; qui l'pauve grand diale si trébouhîve à tot moumint. Et volà don qu'il hâbitèt les richès gins, et les autes ils n'les loukèt pus. Marôie ni dit pus bon joû à personne dè viège ; elle toûne li tiesse quand elle rik'nohe les bravès gins qui lî fît l'âmône ! Marôie rouveie çou qu'elle a s'tu ; elle est co pus hâtaine qui J'han Mottet l' Mayeur.

Aoi dai! mais ci n'est nin l'tot, mes èfant, dè réussi, dit dame Bebette. *Hoûtez çou qu'arriva :*

L'annéie d'après, vorcial li bon Diu qui vint co à passer. Haie! qui volà! dis-t-il. Bon joû, Marôie!

— Ji n'vis k'nohe, passez vosse vôie !
Ji n'so pus Marôie, fèmoirfotôie !
Ji so madame la Mairesse (1).

— Ingrâte qui v's estez! vos n'valez qui po esse Marôie, vos r'divinrez Marôie !

Tot d'on côp, li tonnîre craqua à fer tronler les montagne! Les aloumire aveuglît les bergî et leus mouton. Après l'orège, on r'trova l'mayeur touwé! Si sâbe esteut fondowe (2)*, si claque tot rosti! Dè l'belle mohonne dà l'mairèsse, il n'dimora qui des cinde et dè soufe. Li pus mâlhûreuse di tot çoula, ci fout Marôie, qu'on r'trova-st assiowe ès s'misèrâbe calbotte; èlle n'âveut pus rin, ni vache ni pourçai; di timps in timps, les passant lî tapît des crossette di pan ou quéquefeie on doze soôz. Elle ava l'timps dè s'ripinti Marôie, li brubeuse. Tot 'n'èrala comme il aveut v'nou, dè l'main dè bon Diu.*

— Et notre maison, maman, le bon Dieu viendra la reprendre aussi ? demanda le petit Jean-Louis.

— Non, mon enfant. Ni votre père ni votre

---

(1) *Ine fâve* de l'époque. On nous la racontait dans notre nfance.

(2) Nous avons entendus : *on sâbe* et *ine sâbe*.

mère ne font comme Marôie ; ils demandent chaque jour à Dieu la force et la santé, pour pouvoir travailler et gagner de quoi vous élever et faire de vous des hommes honorables ; nous demandons aussi à pouvoir payer les redevances qui restent sur notre maison.

— Pourquoi punit-il si cruellement la pauvre Marôie, après l'avoir comblée de ses bienfaits ?

— L'ingrate Marôie avait manqué grossièrement à son bienfaiteur, à celui qui lui avait donné les biens de la terre. Elle devait le remercier tous les jours sans attendre son passage. Ensuite, les honneurs ni la fortune ne doivent pas faire oublier ce que l'on était.

— Pauvre Marôie !

— Dieu vous aide à prospérer, mon cher fils, à réussir dans vos affaires ; mais étant riche, si vous l'oubliez, il vous reprendra vos biens, ou vos richesses tourneront contre vous ou contre les vôtres. Je veux dire contre nos enfants ou les personnes que nous aimons.

Comment cela, maman ?

— Quand tu as des liards ou bien une pièce de trois ou de cinq sous dans ta poche, tu cours tout de suite acheter des fruits souvent trop verts et tu manges à te faire malade. Eh bien ! mon ami, les hommes ne sont pas toujours plus raisonnables que toi. Ils prennent de mauvaises habitudes, qu'on se procure à prix d'argent ; ils apprennent à boire du vin, des liqueurs, du *pèquet*... Ah ! je frémis ! Ce goût augmente sans cesse et les entraîne à la paresse, à tous les vices, à toutes les hontes, à tous les scandales, à tous les déshonneurs.

— Et ils balancent dans les rues, hein ! maman ?

— Oui, mon petit ; puis ils se battent, ils donnent ou reçoivent de mauvais coups et il leur arrive bien d'autres plus grands malheurs que je te ferai connaître plus tard. L'argent est un ami ; pour les hommes faibles de caractère, il devient un ennemi. On dit à la ferme de ton grand'père :

L'ârgint est mâlâheie à wâgnî ; mais il est èco pus mâlâheie dè l'wârder.

— Que faut-il que je demande à *m'aimé* Jésus, moi, maman ? un tambour ou bien une tartelette aux pommes ?

— Demande lui qu'il conserve tes parents, c'est par nous que tu auras plus vite et plus longtemps des tartes aux fruits ou des joujoux. Ne sois jamais ingrat, ne fais pas comme Marôie ; si un petit camarade te donne une poire, une noix, un jouet, enfin, n'importe, remercie-le, et quand tu pourras lui rendre le double, ne manque jamais.

— Et si la maman de Marôie ne lui a pas dit tout cela, elle n'en savait rien ? Pauvre Marôie !

— Son cœur aurait dû le lui dire ; elle avait su demander, elle devait savoir ce que c'est que la reconnaissance. Quand tu donnes du lait au chat, du sucre à ton petit chien, ils te caressent, ils t'aiment, ils ne sont pas ingrats.

— C'est vrai, maman ; mais hier, le chat m'a égratigné : il a donc fait comme Marôie?

— Tu faisais le bien et le mal à la fois, tu donnais du lait d'une main et de l'autre tu tordais la queue à la pauvre bête.

Jean-Louis se sauva dans l'autre pièce, en riant aux éclats. Quelque temps après, tous les enfants dormaient comme des taupes.

De l'autre chambre, on entendit la voix de monsieur le curé qui s'écriait : — Bien, très-bien, maman Mathot! De la pièce à côté, j'ai été très-heureux d'entendre la leçon que vous avez donnée au fils de mon ami, de mon cher filleul. Insensiblement vous lui inspirerez le sentiment de la gratitude ; votre *fâve* est un petit plan de conduite pour l'avenir. — Il ne faut jamais oublier les bienfaiteurs. — Inspirez à vos enfants, par tous les moyens possibles, la religion qui réchauffe le cœur ; montrez-leur en tout et partout le doigt de Dieu ; aidez-leur à discerner ce qui est bien, ce qui est mal. Vos fables se graveront dans leurs petites têtes mieux que les leçons qu'ils apprendront à débiter de mémoire. Ce n'est pas seulement un pasteur qui vous parle, c'est un ami de la famille.

— Ah ! monsieur Rigo ! mon mari m'a tant parlé de l'intérêt que vous lui portez, que j'éprouve pour vous doublement de la vénération.

— Merci, maman Bebette ; mais je ne saurais trop vous recommander vos petits enfants. Ce qu'ils apprendront de vous ne s'effacera jamais de leur souvenir ; les paroles d'une mère, la prière qu'elle leur apprend sont la base de la religion. Je m'intéresse à leur avenir ; je souhaite qu'ils vous vénèrent et vous chérissent ; quand on a le cœur plein de ces bonnes et douces affections, on ne s'écarte jamais du droit chemin ; on va tout naturellement vers ce qui est juste et honorable ; on a pour guide sa conscience, on apprécie le charme de tout ce qui est bien et de tout ce qui est beau.

Vos enfants, devenus grands, chancelleront peut-être un certain temps ; mais ils reviendront bientôt à se dire : nos ennuis, nos peines proviennent de nos folies ; que n'avons-nous écouté les conseils de notre bon père et les douces paroles de notre chère mère ! Et ils se remettront à marcher droit,

Votre Jean-Louis va bien ; ses réflexions m'ont fait plaisir, il a bon cœur. Quel âge a-t-il ?

— Il est du 1er avril 1805, un dimanche. Vous avez été très-gai à son baptême, comme toujours, du reste. Déjà, avec son père, nous nous adressons cette question : que deviendra-t-il ?

— Ayez confiance, Dame Mathot ; soyez bonne, mais sévère quand il le faudra ; montrez-vous inférieure au chef de la famille; que vos enfants comprennent que le père a la direction, qu'il est le grand maître. Ne vous laissez pas aller à un faux amour-propre qui entraîne à dominer ; devant vos enfants, dites : nous ferons cette affaire avec votre père et non pas *je ferai !* Si vous voulez jouer au *factotum*, vos enfants seront induits en erreur et le vrai chef sera relégué au second plan, s'il est trop faible. Or, son autorité peut devenir nécessaire ; il est sage de ne pas l'amoindrir : ne l'oubliez pas.

J'admets pour un moment, que vous soyez toute aussi intelligente que votre mari ; vous seriez même plus capable, mais les femmes ont le cœur plus faible ; elles ont un enfant préféré : c'est toujours un fils ! Plus il donne de tourment par des maladies, ou par son inconduite, plus la mère aime ce fils ! Vous ouvrez de grands yeux ? je pourrais vous citer bien des exemples ; croyez-en votre vieil ami Rigo.

De cette préférence, le fils s'aperçoit aussitôt ; il redouble de cajoleries et de carresses ; il se croit supérieur à ses frères, il se hisse au niveau de son père : de là des divisions, des jalousies. N'oubliez pas, chère Bebette, que votre mari demeure responsable, aux yeux du public, de toutes les fautes que vous pourriez commettre. Ne soyez pas tenace pour faire accepter vos projets ; rappelez-vous que dans la discussion, n'a pas toujours raison celui qui crie le plus fort. Quand votre mari réprimande ses petits ou ses grands enfants, appuyez-le ; surtout ne le blâmez jamais devant sa jeune famille. N'élevez jamais la voix plus haut que la sienne, je vous en prie : vous auriez l'air de vous fâcher.

Madame Bebette était occupée à remercier le curé, quand le mari rentra, un pot de bière à la main. — Un verre, parrain, avant de nous quitter.

— A demain, mes enfants. *S'il plaist à Diu*.

— Bonsoir, cher parrain ; attendez, je vais vous éclairer pour descendre.

La porte de la chambre à côté, où dormaient les trois aînés, restait ouverte ; deux berceaux étaient placés à côté du lit de la mère. Au moindre mouvement d'un des enfants, dame

Bebette était sur pied, en dépit de son sommeil de plomb dont on aurait jugé incapables de la tirer vingt canons occupés à bombarder une citadelle......... Instinct d'amour maternel !

CHAPITRE XXII.

1813.

Une visite à monsieur Bonlignage. — L'année de la comète. — Un voyage de noces. — Les petites économies.

—Il y a déjà deux ans de cela, mon cher Mathot : oui, oui ! C'est en 1811 que je me suis marié. Nous étions dans l'année des grands vins, l'année de la fameuse comète. Quelle chaleur, grand Dieu !

Probablement que le soleil attirait l'eau pour en faire du vin ; ce que je sais, pour l'avoir vu dans les campagnes, c'est que les malheureux paysans allaient à cinq et six lieues à la ronde chercher de l'eau. J'ai vu la désolation partout ; le fourrage et l'eau manquaient, la sécheresse était si grande que les bestiaux périssaient de faim et de soif.

Je le sais, M. Bonlignage, répondit Mathot ; mes parents, à Bierset, ont souffert beaucoup de ces grandes chaleurs.

— Ruine et misère! dans cette année de la comête où tant de bons vins mûrissaient, il y eut bien plus de larmes versées que de grains de raisin pressés; on mourait de soif. Ce fut l'année des prières, des neuvaines, des pélerinages de nuit et des processions; on demandait au ciel de la pluie. Hélas! elle se fit bien attendre.

En 1811, continua M. Bonlignage, je faisais mon voyage de noces. Quelle chaleur, bon Dieu !

— Avez-vous pu arriver le même soir à Tirlemont?

— Oui, nous avions de bons chevaux et Dupont, le maître de poste, pour postillon; nous brûlions le pavé!

Nous étions à l'*Hôtel du Plat d'étain* vers minuit. C'est dans cette hôtellerie que tous les couples de gens comme il faut faisaient la première étape.

> Là, todi les cope fît l'siermint,
> Dè s'fiestî comme à *Plat-di-s'tain*;
> Ah ! si les meur jàsît quéqu'feie,
> Ils v'racont'rît bin des biestreie.

Tirons le rideau, les livres de raison sont muets sur cet article; ils disent seulement qu'il fallait être riche pour se donner le luxe d'un voyage de noces jusqu'à Paris. *C'esteut des gins bin comme il fât, parèt, les Bonlignège.*

— Alors les dames de Liége faisaient peu de toilette; on y regardait de près, dans les meilleures familles ; mais comme nous allions à Paris, ma femme s'était acheté un beau châle, une pièce pour la vie !

C'est dans ce voyage que nous avons vu, pour la première fois, des meubles en acajou ; je n'ai pu en refuser à ma femme : j'ai acheté un meuble de salon, tout complet, en ce beau bois (1). On est faible en voyage de noces et dans les grandes chaleurs.

Cet ameublement fit du bruit à Liége ; c'était le premier fait de ce bois, on venait le voir comme chose des plus curieuses.

— Nous serons économes, me disait ma femme, et nous rattraperons le prix du meuble. A l'exemple de ses beaux-frères et suivant les habitudes des anciennes et bonnes familles, ma chère femme évitait toute dépense inutile. Chez moi, on ne rougissait pas d'être économe ; de là viennent nos bonnes fermes et nos bonnes rentes.

Nous continuons à garder les petits morceaux de papier, les papiers blancs, les bords des journaux et des imprimés pour faire nos quittances ; nous employons également les avis, les papiers de

(1) La famille Bonlignage possède encore une partie de ce meuble.

mort et le dos des lettres pour les correspondances intimes et les notes de ménage (1)

— *Les grandès brocalle;* c'est comme chez nous. Nous coupons les pains à cacheter en deux morceaux et les allumettes en cinq et six parts.

— Nous ne sommes pas les seuls; dernièrement; je me trouvais à une grande réception chez monsieur Hautban et, au milieu de ses enfants et petits-enfants, la respectable dame nous disait : « J'ai économisé sur le ménage la ferme de... Elle rapporte aujourd'hui huit mille francs. » Cet honorable couple, que l'on cite comme exemple, avait commencé les affaires avec de très-petites épargnes. Il est vrai que le chef était un homme de génie.

A cette charmante fête de famille, la chère et digne grand'mère chanta dans notre vieux langage les couplets suivants :

  Pau d'industreie, li r'wenne dès guérre
  Avît aminé les misére ;
  Puis, sins grandeur vikît vos gins.
  Ils ont ovré des coirps, dè l'tiesse ;
  Si vos volez wârder l'richesse,
  Comme zelle il fât èployî l'timps.

  Po l'longue dureie et po les s'pâgne,
  On nos ferréve di p'tits fiér d'âgne,

---

(1) Nous conservons de beaux spécimens de ces petites économies où la phrase a de la peine à se loger.

> Qui fît grand brut qwand nos rotîz.
> So crèhince on féve tote nos hârd,
> Tot d'hant : elle sèront bonnes pus tàrd :
> Comme èn' on sèche nos halcotîz.

J'oublie les autres couplets. — Je vais les dre, moi, répondit le vieux chef :

> On féve siervî les vîx pîd d'botte,
> Avou l'haut talon qui halcote,
> Po savate....., c'esteut bin poirté.
> On esteut économe à Lìge,
> Treus qwate feie les poïowès tige
> Passît à coiphî po r'monter.

> Ji m'sovins co des p'titès pèce,
> Qui nos poirtîz âx g'nox, âx bresse ;
> Les grandiveux, hoûie, ont rouvî
> Qu'on les r'moussîve di veye mousseure
> Qu'estît coviette di racoseure,
> Mais todi prope tot estant vîx.

— La plus belle période de la vie, reprt la vieille grand'maman, c'est celle où l'on fait des affaires, où l'on voit la boule de neige s'arrondr.

Les demoiselles travaillaient de mon tenps. Ecoutez, mes enfants, ajoutait la vieille Dame :

> Les d'moiselle di banquî,
> Mâie à bureau n'manquît ;
> A l'tenn'reie, à l'berwette,

Les mamzelle estît prête ;
Ji poreus co dire qui.

Tant d'ovrège elle avît !
Vos grandmére ak'levît
Des èfant à l'dozaine ;
On n'kinohe nolle dorlaine
Qu'a pârlé d's'anoyî.

Elles appontît l'rosti,
Qu'adawéye l'appétit ;
Avou n'èfant à l'tette,
Elles mahît d'vins n'pèlette,
Li sope po 'n'aute pitit.

Les feumme aidît baicôp,
È 'nn'aveut todi pau ;
Quoi qu'les homme estît râre,
Qu'ils morît tos sodârt
Elles estît poirteie haut !

— Ma femme travaille autant que les plus laborieuses, répondit Mathot, et elle ne dédaigne pas les petites économies.

— Je la connais ; c'est une vraie Liégeoise pour la besogne. Mais quittons ces petits détails pour parler de l'an 1811. Avez-vous observé que les uns regrettaient d'avoir fait des économies, et que les autres faisaient de nouvelles dettes ? Les mauvais payeurs se confessaient et s'acquittaient pour se préparer à mourir. Des demoiselles se mariaient avec le premier venu, par curiosité, ou enfin pour ne pas aller coiffer Sainte-Catherine. C'était pour si peu de temps ! Histoire de réparer certaines avances, des jeunes gens épousaient leurs maîtresses ; on réglait les comptes de conscience en prenant pour femme des *canôie*, des *dôrlaine*, des *watrôie*, de méchantes personnes, mais le monde allait périr : ce n'était pas pour longtemps.

Pour l'observateur, que de choses étranges on découvrait en ce temps-là, où la queue d'une comète devait anéantir la terre et ses habitants ! les plus mauvais devenaient bons ou du moins faisaient semblant de l'être. A chaque instant, vous receviez des restitutions, de l'argent, des livres, etc. On allait jusqu'à vous rendre l'honneur enlevé par la calomnie. Avait-on contracté de mauvaises habitudes? de crainte de mourir dans le péché, on se confessait tous les jours. Je me suis même laissé dire que dans les maisons suspectes, des chandelles bénites brûlaient jour et nuit devant de saintes images. On était pressé de vivre, mon cher Mathot, mais l'on désirait porter son passe-port en poche pour l'autre monde ; de là, grande débauche et grande piété.

CHAPITRE XXIII.

1814.

Passage des alliés. — Les Mathot dans une cave. — Visite chez Rigo. — Le Saxon. — La traversée de la Meuse par Corombelle. — Les salles d'armes. — Le Bourreau des cranes. — Delsemme. — Mére-ji-vole.

Il n'y a plus moyen de dormir chez nous : quelle fatigue j'éprouve ! A vrai dire, notre habitation est à la rue, et au chemin royal encore. Le passage continuel des troupes étrangères, non seulement nous inquiète beaucoup, mais il occasionne un grand bouleversement dans notre paisible cité. Quand donc finira cette malheureuse guerre ? Si, grâce à la réunion des puissances du Nord, les armées doivent toutes passer par ici, il ne restera ni assez de grain ni assez d'argent pour les nourrir.

Allons chercher du courage chez les amis Mathot.

Dans les rues, on ne rencontre que des soldats étrangers parlant des langues inconnues ; pour éviter les querelles et les conflits, les habitants ne sortent pas. J'entends derrière moi : *Fourt*

Françouse ! Plus de figures amies sur mon passage ; plus d'équipages, plus de commerce. Les portes des maisons restent fermées ; les femmes honnêtes sont en fuite ou cachées, les grandes habitations sont désertes ; on lit partout : *Maison à vendre, à rendre* (à arrenter) *ou à louer*. Les couvents, les églises même ne suffisant plus pour loger les alliés, on a brisé les portes de ces belles demeures hier inhabitées, maintenant transformées en casernes ou en corps-de-garde. Après tout, c'est une compensation ; car les absents doublent les dépenses des présents. Les bourgeois qui n'ont pu quitter leurs affaires ou leurs propriétés logent, chaque nuit, huit ou dix soldats au moins ; il est vrai qu'ils ne se gênent pas pour en placer quelques uns dans les maisons à vendre.

Partout de la boue, des immondices. Les rues ne sont plus nettoyées : que de portes, que de fenêtres brisées ! Notre pauvre Liége a l'air d'une ville prise d'assaut. On annonce l'arrivée de Bernadotte... Quelle nuit, bon Dieu ! sur le qui-vive, comme on dit. Quelques minutes de plus, un peu d'hésitation à ouvrir, et ces méchants soldats enfonçaient notre porte [1]. On se souviendra des hussards noirs, appelés *hussards de la mort*. Exigeants et

[1] Nuit du 24 au 25 janvier 1814.

hargneux au possible. Toute la nuit s'est passée à leur servir des viandes rôties, du cognac et du café au sucre, extrêmement rare en ce moment. On ne peut pas toujours aller demander la protection du général russe Czernicheff, qui nous assure son appui (¹).

J'entre chez Mathot ; il a douze militaires à loger. Ils me prennent pour un des maîtres ; ils m'empoignent et me poussent vers un gros feu en menaçant de m'asseoir au milieu, si bientôt je ne leur procure du bon *schnaps*. Aussitôt je donne des ordres à un ouvrier : la liqueur arrivée, ils me font boire le premier, par méfiance ; enfin ils me lâchent. J'apprends que la famille Mathot est cachée derrière un second bâtiment donnant sur une petite rue ; dans une cave, s'il vous plaît. J'arrive à temps pour aider à les tirer *po l'tape-cou* et à les caser plus convenablement. Les petits enfants étaient presque gelés. En les comptant, on s'aperçoit que le septième manque ; dans la précipitation on l'avait oublié. Pendant la nuit, un soldat ivre s'était couché auprès de l'enfant sans lui faire d'autre mal qu'une grande frayeur.

(¹) Journal du 26 janvier. A la même date, le *Journal politique du département de l'Ourthe* remplissait ses colonnes de de ix variétés : *Sociétés de Palestine ; Beautés pittoresques des paysages anglais.*

Que d'émotions pour Mme Bebette, qui est encore enceinte !

Voyant sa famille en lieu sûr, Mathot se couvrit d'un vieux frac déchiré ; nous allâmes chez le parrain Rigo, notre vieil ami. Nous le trouvâmes plus pâle que de coutume ; lui aussi n'avait pas fermé l'œil. Quant à sa servante Nannesse, elle était devenue si vieille, si courbée et si laide, qu'elle avait jugé inutile de se cacher. Pauvre femme ! Elle faisait reculer d'effroi les plus vaillants cosaques. Deux ouvriers sans ouvrage l'aidaient à peler des pommes de terre et à servir les soldats, qui changeaient de logement à chaque étape et allaient se masser vers Paris.

Nos habitations, pendant plusieurs mois, furent transformées en auberges de caserne ; Messieurs les alliés étaient nos voyageurs. Trop souvent les vexations et les violences furent leurs remercîments. Nous n'essayerons pas d'énumérer toutes les misères et les douleurs causées par les troupes étrangères, dont une partie ressemblaient plutôt à des barbares qu'à des cohortes disciplinées. Il est vrai qu'alors on tenait plus à la quantité qu'à la qualité ; les masses d'hommes formaient des remparts de chair humaine (1).

(1) Voir Tome I, page 65, *Les vix messège*.

— Il faut bien s'y faire, mes amis, nous dit le curé Rigo :

> Wiss qu'on n'pout s'dressi,
> Il fât bin s'bahî.

Mais j'entends des *das gut*; vos hommes, mon parrain, ont l'air bien contents. Ecoutez : *Das gut! das gut!*

— Je laisse faire ma servante; ils veulent du bouillon et pas de bouilli; eh bien! elle fait rôtir cette même viande; c'est toujours bon pour des Cosaques et des Bachkirs. Ils crient constamment: *schnaps!* Hier, ils ont cassé un gros baril de genièvre, prétendant qu'on y avait ajouté trop d'eau. Aujourd'hui, mes deux ouvriers font comme partout; ils ajoutent un sac de poivre dans la liqueur à fournir journellement aux soldats [1]. Le poivre rend le *pèquet* plus piquant; cela leur brûle la bouche; or, c'est fameux, *das gut!* Quand ils sont bien repus, ils dorment ou se remettent en route pour faire place à d'autres.

Tout bas, le bon curé s'informa de la santé de dame Bebette et des enfants. Avais-je des nouvelles de la ferme? Puis il nous dit : courage mes amis, et surtout de la patience : *Il tapp'rît des*

---

[1] Eau-de-vie, bière ou vin (Journal du 2 février 1814).

brouli so m'frac, qui jè l'heûreus jus sins rin dire.
Suivez mon exemple, et que le bon Dieu vous vienne en aide. A demain !

Insensiblement on s'habitue à son sort. Nous allons aider nos amis les plus éprouvés ; ensemble avec Mathot, nous cherchons des remèdes à nos maux en rendant service à nos concitoyens.

Il est bon de connaître le logement des chefs : si les soldats se montrent trop déraisonnables ou trop querelleurs, si enfin ils se conduisent comme des sauvages, nous les ferons punir par leurs supérieurs (1). Malgré tout, que de violences, que de crimes restés impunis !

Quelques jours plus tard, nous retournons chez le parrain Rigo. Pauvre curé, lui si bon et si honnête, il est désolé : il a eu chez lui pour deux jours des Tartares, il ne sait quoi, des hommes couverts de houppelandes impossibles, de vieilles nippes d'habillements de femme et de toutes les saisons. Il tremble encore en nous le racontant.

— Figurez-vous, mes amis ; ils m'ont emporté mes couvertures en laine pour eux et leurs chevaux, mes mouchoirs, jusqu'à mes chemises; je dois me coucher tout habillé et je me couvre d'un vieux manteau. Ces étrangers n'avaient que des

(1) Quelques généraux ont fait annoncer leur logement par le journal.

haillons remplis d'affreuse vermine ; il a fallu brûler tout cela au jardin. Après avoir battu mes deux gardiens et ma vieille servante, ils sont sortis et finalement ils ont trouvé ce que nous leur avions refusé : deux infâmes créatures sont entrées à dix heures du soir. Toute la nuit, la maison du vieux prêtre a servi à tous les genres d'excès ; du second étage où j'étais renfermé, j'entendais leurs affreuses bacchanales. Croiriez-vous, mes amis, qu'ils ont forcé ma pauvre Nannesse à leur verser mes meilleurs vins? et elle a dû assister à toutes leurs extravagances, enfin, aux scènes les plus ignobles que l'on puisse imaginer. La pauvre vieille Nannesse pleurait de rage, de honte et de dégoût !

— *C'est co pés qu' des biesse*, disait-elle, en sanglotant :

Ji so honteuse d'esse feume qwand ji veus ces lân'resse,
   Qui vindet lou caresse!
Elles sont co pé qu' les trôie, qui des d'gostantès biesse.

Mon Diu, monsieur l'curé, des autes vont-ils co v'ni,
   Ni sèret-ce mâie fini ?
Po fer r'blanki l'mohonne, li r'nètî et l'bèni.

Ces soldats ne payant jamais leurs menus plaisirs, le matin, ces maudites chiennes de femmes m'ont fait réclamer dix escalins pour elles deux ; heureusement, on était venu solder des messes!!!

— Et madame Mathot, que devient-elle ?

— Ma femme, cher parrain, est très-courageuse; elle descend et vient surveiller les repas que l'on donne aux soldats à loger ; ses yeux vifs et décidés, sa contenance ferme imposent le respect. Malheur à qui oserait l'insulter : elle a toujours, à sa portée, un grand couteau de cuisine à faire reculer le diable.

— Oui, mais quand ils sont nombreux?

— Trois ouvriers et un domestique sont là pour la protéger avec votre serviteur ; nous nous ferions massacrer plutôt que de la voir outrager. Mais nos économies s'épuisent, parrain : tout ce que nous avions gagné depuis notre mariage est fondu; nous sommes gênés, car souvent en 24 heures nous devons recommencer cinq à six dîners et autres repas. Sitôt reposés et nourris, ces hommes partent et d'autres troupes surviennent.

J'ai reçu de la ferme une charretée de pommes de terre. Mon frère ne peut plus m'envoyer de la viande : il m'a fait savoir que depuis longtemps il loge et nourrit de 15 à 20 troupiers par jour et même davantage; un mouton par repas ne suffit plus; le troupeau diminue (1).

(1) Les exemples fourmillent; nous restons en dessous de la vérité.

On se demande ce qu'on deviendra. Et cependant, ces alliés que nous devons nourrir vont se battre et tirer contre nos frères et nos enfants, enlevés par la conscription française.

C'est des vège po nos batte !

Hier, vers neuf heures, continua Mathot, j'ai couru chez mon voisin Mottard, le brasseur; il avait à loger cinq groupes de soldats de nations différentes : ces malheureux étaient harassés de fatigue et de faim; ils n'avaient plus le courage de chercher leur logement. La dame est dans la même position que la mienne : elle est enceinte. Quelle perplexité ! Comment satisfaire ces hordes étrangères ! ils entraient partout où ils voyaient une porte ouverte. Ces militaires de différentes races ne voulaient pas coucher dans la même pièce ; beaucoup refusaient de monter à l'étage, craignant des surprises : nous avons dû séparer les Uhlans des Russes et les Kaiserlicks; les Suédois, les Norwégiens ne s'entendaient pas avec les Saxons ni avec les Hongrois. Quelle misère, bon Dieu ! ils parlent des langages impossibles à comprendre. J'ai passé la nuit chez le voisin ; il avait plus de monde que chez nous, rapport à ses écuries. Il faut bien s'entr'aider dans les moments difficiles ; ensuite c'est un fort brave homme, mon voisin.

Pour distraire son parrain, Mathot expliquait

que l'autre semaine, un groupe de Cosaques ou de Prussiens, plus affamés que d'autres, avaient montré cinq heures à l'aiguille de l'horloge; puis le chef criait : *furt!* en se montrant. Il a fini par nous faire comprendre qu'on devait les appeler à cinq heures du matin, leur préparer un repas à la viande, puis *furt!* Il fallut obéir à leurs ordres ; mais quand ils eurent bien mangé, au lieu de partir ils se recouchèrent jusqu'à huit heures pour se remettre à table. On se répétait tout bas le refrain de la première révolution :

Sav've bin çou qu'c'est qu'on Prussien?
C'est-on verrât qwate panse, etc.

A mon tour, je racontais au vieux Rigo qu'il n'était pas le plus malheureux, que des femmes honnêtes avaient été poursuivies. Il y a quelques jours, on entendit des cris de détresse sortir d'une maison sur le Marché; on courut délivrer une jeune fille anéantie par la peur que lui faisait un brutal, d'un régiment russe. Des témoins accoururent; on alla trouver son officier, qui fut convaincu qu'un de ses soldats avait voulu abuser de sa force pour déshonorer une femme; à l'instant même il lui brisa la tête d'un coup de pistolet (1). Et vous savez, lui dis-je : les troupes du

(1) Communiqué par des témoins et des parents.

pays de Nassau laissent aussi un souvenir pénible; ces soldats se montrent exigeants, violents et méchants.

En revenant, nous voyons, sur la Batte, cinq ou six cents hommes à longues barbes, au teint noir et les yeux forts petits. Ces vilains troupiers, habillés de sales guenilles, sont couchés dans la rue, le long des maisons; ils ont de mauvais petits chevaux qu'on nomme *haridelles*. Si nous donnons à ces hôtes étranges, vêtus comme de misérables saltimbanques, le nom de soldats, c'est qu'ils portent l'arc, des flèches et de grands coutelas; d'autres sont munis de longues piques. Leur musique se compose de grands mirlitons qui font rire le peuple rassemblé autour de ces Asiatiques. Pas un d'entr'eux ne porte le même uniforme, si ce n'est que leur robe longue a toujours la même coupe. Hors de là, châle, fourrures, casaque, écharpe ou manteau, couverture ou carrick, tout leur est bon.

Malgré les soucis de tout genre, les *Gascons de la Meuse* ont conservé le petit mot pour rire. On raconte que, la nuit dernière, la porte d'une habitation écartée fut ouverte par les coups de crosse d'un Saxon demandant à loger.

— Je n'ai que mon lit, répondit le brave homme, pour ma femme et pour moi. — Un de plus ou de moins, reprit le soldat, à la guerre comme à la guerre ; je tombe de fatigue, reculez ! Ne comprenant rien de son langage, mais voyant le Saxon à peu près déshabillé, sauf un pistolet qu'il tenait à la main, il repoussa sa femme vers la muraille de l'alcôve et fit, malgré lui, une place dans sa couche. Tous trois cédèrent à la fatigue ; on dormit tant bien que mal. L'histoire ne dit rien du réveil ni des changements de place ; on sait seulement qu'au matin, le Saxon, voulant montrer sa reconnaissance pour l'hospitalité, embrassait l'hôtesse. Le mari, plus peureux que jaloux, se contenta de dire à voix basse : *Sôdârt, sôdârt ! Bogîz-ve donc, c'est m'feumine ; si elle si dispierlève elle sereut si mâle !*

Et l'on riait du pauvre mari et de sa mésaventure. — Heureusement, disait-il, ma femme ne sait rien de rien : elle a le sommeil fort lourd !

Nous venons d'apprendre par notre ami, l'honorable curé Rigo, que les habitants des villages voisins sont forcés, le pistolet sur la gorge, d'accourir en ville pour racoler tout ce qu'ils peuvent trouver de filles.... complaisantes. C'est aussi un moyen de sauver les honnêtes femmes. Pour ne rien oublier, dis-je à Mathot, inscrivons ces détails dans notre Mémorial de famille.

Par une froide matinée de février, nous allons

visiter nos parents et amis et nous informer de ce dont ils pourraient avoir besoin. — Aidons-nous les uns les autres, a répété Rigo.

Le passage des troupes est depuis trois semaines plus compacte encore ; d'Aix-la-Chapelle à Liége, par Herve, les armées se suivent en colonnes serrées ; jour et nuit on entend le pas des soldats et les chevaux battent le pavé. Ces masses humaines forment un ruban bariolé d'une longueur de 50 à 60 lieues ; elles ne s'arrêtent que pour le repos et les repas nécessaires. Nous avons des milliers de troupiers éparpillés dans tous les quartiers et dans les villages aux environs. C'est dans les passages à découvert que l'effet est le plus imposant ; le Pont-des-Arches, par exemple, vu du Lycée ou du Mont-de-Piété, représente un torrent de mille couleurs. Les armes étincellent, les coiffures sont des plus variées : bonnets à poils, claques à pompons, schakos à plumets de trente-six tons et nuances. Voyez-vous ces casques brillants, où le cuivre et l'argent resplendissent ? Ajoutez à tous ces panaches, à ces parements de laine rouge, verte, bleue, noire, jaune, les belles crinières flottantes des chevaux et des dragons ; l'artillerie et la cavalerie riche ou pauvre, blanche ou noire de toutes ces grandes nations ; puis les centaines de banières aux armes de tout genre, s'agitant l'une dans l'autre ; mêlez à toutes ces brillantes couleurs l'éclat des cuirasses, l'acier poli, le doré et l'argenté des insignes, et vous croirez voir une mer agitée par la tempête, où les flots azurés rejettent, sous les rayons du soleil, des éclairs phosphorescents bleus, verts et or.

En passant par la Goffe, près du pont, nous voyons un rassemblement ; une honorable dame pleure et se lamente.

Qu'est-ce ? — Mes bons Messieurs, nous dit-elle, j'ai appris que mon fils demeurant *en Tanneurue* (1) est malade ; sa femme et ses deux petits enfants sont presque morts de frayeur ; voilà cinq semaines que je ne les ai vus ; le pont est intercepté par le passage des alliés et la Meuse charrie des glaçons (2). On me dit que les soldats sont plus méchants Outre-Meuse et dans les quartiers éloignés du centre ; je n'y tiens plus ! Je veux revoir mes enfants, je veux aller à leur secours !

Ne peut-on pas y aller en bateau ? demandai-je, à Madame Gil...; car nous la connaissions.

— Je ne trouve personne qui veuille se risquer. Ses yeux suppliant demandaient ce service.

(1) Quai des Tanneurs.
(2) Historique.

— Voulez-vous être mon second? me dit un homme à la mine résolue; vous écarterez les glaçons?

— J'accepte, moi, répondit mon ami Mathot; je m'y connais; et le voilà dans la nacelle avec ce *rat de Meuse* qu'on nommait Corombelle (1).

Le danger était grand; mais à cette époque la vie était si peu de chose !

— *Vos r'chôk'rez les horon avou l'fèré, et à l'wâdé di Diu, â lâge!* — *J'y sos*, répondit Mathot. Laissons parler ce dernier.

— Arrivés péniblement au rivage des Tanneurs, nous eûmes beaucoup de peine à décider l'avocat, sa femme et deux petits trésors d'enfants, Antoine et Jeannette, à risquer leurs jours sur une frêle embarcation et au passage des glaces ; mais encore une fois, au temps de malheur, aux époques de tourmente et de fatalités, on craint moins la mort. Enfin nous y voilà; en retournant, nous faisons tous le signe de croix. *A l'wâde dè bon Diu et d'saint Linâ!* La nacelle quitte le rivage des Tanneurs ; une masse de spectateurs laissent échapper des paroles et des hourras fort peu rassurants. J'entends encore les grondements sinistres des monceaux de glace qui viennent se briser sur

(1) Historique.

les piles du pont; ces craquements resteront dans ma mémoire jusqu'à ma dernière heure. — Attention! s'écrie Corombelle; *vocial on fameux boquet d'glèce? il est bin s'pès et bin grand!* il peut nous renverser. La jeune dame jette un cri qui donne le frisson; les enfants pleurent; le mari devient plus blême encore : il se croit perdu. Seul, le courageux Corombelle garde son sangfroid. — Courage, aidez-moi, me dit-il; au même instant, il saute sur cet énorme glaçon, retient notre bateau, et nous descendons la Meuse quelques instants reliés à la masse flottante; nous tournons avec elle... enfin le batelier, une jambe sur la glace et l'autre dans le bateau, voyant que notre ennemi va suivre le cours du fleuve, lui donne un coup de pied vigoureux, nous en sépare et nous sauve. Après une heure de péripéties et d'angoisses de toutes sortes, nous nous retrouvons au port de la Goffe, trempés de sueur, malgré le froid des plus vifs. Au bord du fleuve sur les débris de glaces amoncelées et arrêtées par la recrudescence de la gelée, une quantité de femmes et d'enfants s'étaient groupés autour de Madame Gil..., qui sanglottait et priait tout à la fois. La bonne grand'mère me sauta au cou; elle remit un louis d'or au courageux Corombelle, pressa son fils sur son cœur, prit les deux enfants sur ses bras et ils se dirigèrent vers la rue du Pont, où se trouvait leur maison de commerce. Le petit Antoine, âgé d'un an et quelques mois, dormait paisiblement.

A quelque temps de cette scène émouvante, nous profitons d'un jour où le passage sur notre unique Pont nous permet d'aller Outre-Meuse. Une nombreuse artillerie était en marche depuis plusieurs jours; les canons se suivant en bon ordre, on pouvait passer à côté. Pour plus de sûreté, nous suivons un soldat malade qu'on portait à l'hôpital.

Arrivés chez nos amis, rue des ....., nous apprenons que la dame de la maison a été poursuivie, que la servante s'est échappée par les toits et que le mari a été chassé de chez lui, battu et laissé comme mort sur la rue (1). Les enfants manquaient de tout, ils avaient faim !

Consoler, encourager, réconforter ces malheureux, ce fut naturellement notre première besogne; nous décidâmes de revenir chaque jour, aussi souvent que nous pourrions traverser la Meuse.

A tour de rôle, Mathot, le curé Rigo et moi nous avions nos heures et nous portions les choses nécessaires à cette honorable famille, dont

(1) Il mourut deux ans après des suites de son épouvante ou des mauvais traitements qu'il avait subis.

le chef restait alité. — Il n'ira plus loin, disait Rigo, il a le coup de la mort. — Etaient-ce des Cosaques ou des Russes?

— Je ne sais pas, mais le peuple est impitoyable; il-invente ce qu'il ne sait pas en brodant sur les suites de ce malheur. Les commères vont de porte en porte, racontant ce qu'elles ont supposé, puis un doigt sur la bouche elles disent : *Nè l'dihez nin, savez ! li pauve feumme.*

Mais voyons, Mathot, comment voulez-vous que nous aimions la guerre et ceux qui l'ont provoquée? Après tant d'infortunes !

— Nous sommes à la fin, patience : le plus dur est passé, il y aura sous peu un coup décisif, ou bien les combats finiront faute de combattants.

Hier, pendant que nous faisions notre tournée chez nos amis, ma femme avait à loger des Cosaques par trop exigeants: elle a fait sa plus belle toilette et s'est rendue chez le commandant; et ma foi, le soldat a été puni. Mais elle était bien mise, *sav' vous*, Madame Mathot: elle portait sa belle toque en velours noir surmontée d'un oiseau du paradis, son beau canezou garni de petits velours noirs également; et sa douillette en mérinos orange, dernière mode (1), toute *battante*

(¹) Articles modes, journaux de 1814.

neuve! Ensuite son aplomb, sa prestance et son état de grossesse, aussi bien que sa magnifique toilette la rendaient imposante! Justice a donc été faite : ces hommes sont devenus comme des moutons ; mais ils partaient le lendemain.

— En rentrant chez moi, disais-je à Mathot, j'ai trouvé trois officiers suédois et leurs ordonnances. Ces hommes sont bien élevés, fort affables et très-polis ; ils remplaçaient sept Uhlans si difficiles, que je suis allé porter plainte chez leur major. Cependant, bien que bon nombre de chefs russes parlent le français, nous irons acheter, chez Lemarié, le livre qu'il vient de publier avec des phrases allemandes et françaises (1), pour nous défendre et tâcher de prévenir tant d'excès déplorables.

Les troupes qui passent ces jours-ci sont plus raisonnables. Cherchons à nous distraire ; allons aux jeux du moment. Le plus fréquenté est celui où l'on apprend à se perfectionner dans l'art de se tuer le plus vite et le plus gracieusement possible. Les salles d'armes sont encombrées de spadassins, de mauvais querelleurs et de ceux qui cherchent à se mettre en mesure de se défendre au besoin. On désire connaître les bottes

(1) *Dictionnaire de poche.*

secrètes, les mauvais coups ; tout est bon, pourvu qu'on puisse perforer son adversaire, le ferrailleur qui vous bouscule et vous marche sur le pied pour vous provoquer. Ne vous étonnez pas si l'on vous dit dans la rue : votre figure me déplaît ; vous m'avez regardé de travers, votre nez ne me va pas, c'est le nez d'un poltron, ou bien : votre manière de marcher m'ennuie. *Votre heure ?* Enfin, mon cher Mathot, nous n'avons pas assez de la guerre pour détruire le genre humain ; il faut une autre épidémie, celle des duels. Ah ! que ne peut-on étrangler tous ces avaleurs de sabre !

Nous arrivons chez Chapeauville, le maître d'armes par excellence, le bourreau des crânes du pays. En ce moment, nous avons la chance d'assister à une provocation de deux vrais lions. Un bruit inusité se fait entendre ; un individu s'ouvre un passage dans la foule des curieux et se présente tête haute et couverte devant Chapeauville, qui donnait sa leçon. — Qui êtes-vous ? demanda le maître. Le nouveau venu baisse la tête et montre du doigt un carré de papier qui recouvre son chapeau. On y a inscrit très-lisiblement ce titre pompeux : *Bourreau des crânes de Maestricht* (1). Chapeauville déchiffre ce préten-

(¹) Historique.

tieux écrit, le salue, met la main sur l'épaule de l'étranger, et, d'un ton calme et ferme, prononce simplement ces deux mots : Votre heure ? — Demain à huit heures, aux remparts.—Très-bien, monsieur. Les deux rivaux se saluèrent de nouveau, puis Chapeauville continua sa leçon d'escrime. Il enseignait les meilleurs coups de pointe ; avec la grâce et la légèreté d'un professeur de danse, il indiquait les coups mortels.

La séance terminée, nous descendîmes la rue Pierreuse. Tout en causant avec notre ami Chokier, habitué des salles d'armes, nous fûmes accostés par Chapeauville.

— J'ai une bonne nouvelle à vous apprendre, dit-il à notre compagnon, la première épée de Maestricht est ici.

— Qu'est-ce que cela nous fait ?

— Comment ! mais je le tue demain, à huit heures ; mais voici la fin de la chose. Vous êtes mon premier élève ; eh bien ! je vous fais l'honneur de vous prendre pour mon témoin : vous tuerez le sien. C'est une manière de prouver ma grande confiance en mon ami *Chôkîr*.

— Vous tuerez qui vous voudrez, répliqua celui-ci ; moi, je n'ai pas de raison pour me battre et je ne me battrai pas.

— Ingrat !

On se sépará après quelques calembours.

Le lendemain, de bonne heure, tout Liége savait déjà que le bourreau des crânes de Liége avait tué en duel le bourreau des crânes de Maestricht (1).

Peu de temps après, un bourgeois va trouver Chokier, et lui dit qu'il a été insulté indignement par un premier prix de salle d'armes. — Ce n'est rien, nous l'aurons, répondit celui-ci, sérieusement : rassurez-vous et soyez calme, il faut vous battre ! Vous serez tué bien certainement, mais je vous vengerai ; il aura son tour.

Cette consolation ne convenait pas à ce bon bourgeois; mon ami Mathot et le vieux curé furent chargés d'arranger cette affaire. Il fut entendu qu'à la plus petite insulte, Chokier se battrait pour le bourgeois C.

Nous arrivons à la fin de mars. Le passage des alliés diminue, mais ceux qui restent ne sont pas les meilleurs : ce sont les malades, les traînards, les sans-courage, les poltrons et les mauvais querelleurs; enfin, la plaie des armées.

Cependant la confiance renaît, les habitants sortent plus tranquilles, les affaires *reprennent* insensiblement ; les plus hardis risquent des *livrances* aux Autrichiens et aux alliés.

L'ami Mathot est tout à son négoce, j'irai prendre

(1) Historique.

le curé Rigo, pour faire une promenade à la campagne : cela lui fera du bien.

— Allons à la Boverie, voulez-vous ?

— Mais certainement, mon ami, j'ai besoin d'air et il ne fait pas froid pour le moment. Passons l'eau à la Tour en Bêche (1).

Au-delà du petit pont de pierre, nous allons prendre un verre de bière chez Erade, *à Pot d'aur*; nous y trouvons deux trois tables de joueurs, les habitués du lundi, entr'autres le grand Delsemme.

— A propos, dit le curé en continuant la promenade : vous connaissez le jardin d'où nous sortons? Au fond, un mur bas et une porte donnant sur une ruelle qui se rend dans les houblonnières et à la petite rivière du Poulet (2).... — Parfaitement.

Voici ce qui est arrivé il y a quelques mois. Delsemme, que nous venons de voir, avait dû quitter pour un moment sa partie de cartes. Arrivé au bout du jardin, il entend le cliquetis de deux sabres ; il monte sur un banc et aperçoit un jeune homme du pays qui se défendait avec un grand courage dans un duel contre un soldat français.

(1) Cette vieille tour fut renversée par les grandes eaux de 1820.

(2) Aujourd'hui ces terrains sont remplacés par les rues du Parc et Renoz et par les jardins publics.

Le jeune Liégeois, à bout de forces, demandait une minute de repos ; l'adversaire profita du moment pour le coucher par terre en lui passant son sabre au travers du corps. Delsemme avait tout vu sans pouvoir sauver la victime : sauter le mur, prendre le sabre du tué fut l'affaire d'un instant.

— En garde, dit le vaillant Delsemme à l'étranger : tu t'es conduit comme un traître, comme un assassin ! En garde ! Il faut que tu meures ! Il n'y avait pas à bouger ; le soldat français dut se battre ; après quelques passes, son cadavre retombait lourdement sur le malheureux jeune homme qui rendait son dernier soupir.

Le vengeur sauta le mur, reprit paisiblement le chemin du cabaret, puis ses cartes, et ne dit pas un mot de ce qui s'était passé (1).

En rentrant en ville, dans une rue assez fréquentée, nous sommes obligés de nous garer pour faire place à un régiment de Suédois et de Norwégiens. Les habitants et surtout les femmes accouraient à la rue pour voir défiler ces hommes superbes, qui portaient de si beaux uniformes. Je ne sais s'ils avaient été choisis ; mais, ils étaient si beaux, que certains maris faisaient rentrer leurs femmes et leurs filles quand on les entendait venir. A quelques

(1) Cette malheureuse affaire ne fut connue que bien longtemps après.

pas de nous s'engageait une discussion qui fit rire le curé ; c'était un vieux boulanger qui voulait renvoyer sa boulangère à l'intérieur de la maison. — Allez à votre besogne, disait le vieux jaloux, nu jusqu'à la ceinture. — Oui, répondit sa femme : avec vos manières nous ne pouvons voir que les Baskirs et les rebuts des armées. Et bien non ! je reste et je veux voir les beaux soldats ! il n'y a pas de mal à les regarder.

Nous avançâmes pour mettre la paix dans ce ménage ; le vieux mari était furieux. — Oui, dit la femme, voilà trois mois, tenez, monsieur le curé, que nous logeons tout ce qu'il y a de plus dégoûtant dans l'armée étrangère ; tout ce qu'il y a de mal vêtu, de misérable et de plus sale dans les Russes, les Kaiserlicks et les Cosaques. Et cela, d'après la recommandation de mon mari à l'Hôtel-de-Ville. Si vous entriez dans la *place,* messieurs, vous sentiriez encore la mauvaise odeur laissée par ces vilains soldats. — Brrrou !

Les beaux Suédois étaient déjà loin avant que nous eussions pu calmer ces chers époux.

Le lendemain, 5 avril, toutes les cloches de notre bonne ville étaient en branle : elles avaient sonné pour les victoires des Français ; aujourd'hui elles sonnent pour annoncer la prise de Paris. Le canon, cette fois, se fait entendre sans donner le frisson. *On sonne à jôie !* La ville est en fête, les figures sont joyeuses ; les habitants respirent plus à l'aise en prévoyant la fin de la guerre. La ville va s'illuminer, on n'entend qu'un cri dans les rues : *Vive la paix !*

Les cabarets étaient encombrés à ne pouvoir y entrer ; les bourgeois et les chefs étrangers, les soldats et le peuple fraternisaient ; on buvait ensemble à la bienheureuse paix ! l'envahisseur était vaincu, il restait des galants pour nos jeunes filles.

L'après-dinée, je rencontre mon ami Mathot. — Où allez-vous avec votre grand sabre ? — Ce bancal me servait dans la compagnie des notables ; j'étais grenadier avec les bourgeois-propriétaires pour maintenir l'ordre. Nous ne devons plus monter la garde ; je vais rendre cette arme à Antoine Rougé, ici-près, sur le Marché ; c'est lui qui me l'a prêtée.

Nous allâmes restituer le sabre au marchand complaisant ; puis, pour éviter la foule, je proposai une promenade au quai St-Léonard. - Quelle joie ! dis-je à mon ami : les cœurs sont épanouis, les fronts sont déridés ; on passe à l'allégresse la plus vive (1), l'usurpateur est vaincu ! Vive la paix !

— Votre femme va bien, Mathot?

(1) Style des journaux.

— Très-bien, mais elle devient pesante : elle est de huit mois.

— Allons boire une bouteille à sa délivrance et à celle du pays.

— Je le veux bien ; nous voici à la ruelle dite du *Pasai* : on annonce du bon vin, à bon compte, le bourgogne de 20 à 25 sous, le champagne à 16 sous et le muscat à 18 sous la bouteille (1). — Entrons.

A côté de notre table, trois vieilles demoiselles viennent se placer, pour boire à la paix, peut-être. — Oui et non ; ce sont des habituées du dimanche et des fêtes. Voici leur début : — *Qui beurez-ve, ma sœur ? Mi, ine diméie di Murselle. Mi, dit l'deuxême, ine diméie di Muscât. Et mi, dit l'treusème, ji beurèt ine diméie di Burgogne : c'est pus sumsamsieux.*

— J'irai raconter à ma femme les goûts différents de ces trois précieuses. *Les bons conte fet les bons ami.*

Voici la nuit : on commence à allumer les lampions ; retournons en ville. Le cabaret de *Méreji-Vole* (2), où l'on se bat tous les jours, est un

---

(1) *Journal du département de l'Ourthe*. Desoer, 1814.

(2) A gauche en descendant le pont des Arches, près de l'ancienne maison Ziane, et près de l'enseigne *à Chabot*, Outre-Meuse.

peu moins bruyant ; les disputes disparaissent peu à peu, on n'entend que ces mots : Schnaps! eau-de-vie! schnick! pequet! etc., etc. Puis *das gut !* — Arrêtons-nous un moment.

La police du cabaret se fait par une femme à l'air rébarbatif : ses yeux brillent comme deux éclairs. C'est la dame du cabaret, c'est *Mére-ji-Vole !* Elle voit un soldat ivre qui cherche querelle à un ouvrier ; sans plus de façon, et très-habilement, je vous assure, elle le prend par la gorge et le conduit dans la rue avec accompagnement de coups. Ah! mais, c'est que *Mére-ji-vole !* ne craint pas les troupiers : trois hommes ne lui font pas peur ! — *Habeye, à l'ouhe* (1) !

Le soir, il y a tant de monde dans les rues pour fêter la paix et admirer les illuminations, qu'on ne peut avancer. Il y a du danger pour Madame Bebètte ; mais que voulez-vous ? elle veut voir. Elle porte un spencer ouvert devant, à la dernière mode ; son état, huit mois, se montre admirablement ; mais elle est habituée à son intéressante position.

Un mois plus tard, Louis Mathot, inscrivait à son journal de famille la naissance d'un gros garçon.

(¹) Un jour ne se passait pas sans plusieurs combats ; les bagarres étaient parfois si nombreuses qu'on ne pouvait circuler

Pendant qu'il tient compagnie à sa femme, je passe mes soirées à l'Académie de danse, chez Seigne ; j'y trouve la bonne société. Grosfils, maître à danser, annonce une redoute à son bénéfice. Irai-je ?

Les militaires belges restés au service de la France sont renvoyés dans leur patrie ; ils sont dirigés d'abord sur Péronne. Tenez, en voici déjà; voyez leur air fanfaron. A l'instant même où je passe, une bonne femme se dirige vers un groupe de ces soldats, qui avaient conservé une partie de leur uniforme. Elle veut se jeter au cou de son fils qu'elle reconnaît. — *Hie ! c'est m'fi Lambert ! Vos v'rilà don, m'binamé Lambert ?* — Celui-ci, honteux du modeste accoutrement de la vieille, la repousse. — Je ne vous connais pas, bonne femme ; je suis Français.

— *Nonna dai, m'fi : ji so vosse mére, l'avez-ve rouvî ? ji so vosse vraie mère, li feumme Pèreie dè l'rowe dè Grand-Hinri.*

En un instant, le public se rassemble ; les voisines forceront bien le sans-cœur oublieux à reconnaître sa pauvre mère. Passons ; ce tableau me peine.

Les habitants, à demi-ruinés par les contributions françaises, puis *achevés* par le passage des troupes alliées, reprennent courage et confiance;

ils vont être délivrés de cette soldatesque effrénée. « comme sont presque tous les Russes, » nous dit le chroniqueur Mouhin.

Par une belle matinée, nous nous rendons à Maestricht. Mathot y allait de son côté pour affaire; par la même occasion, il comptait voir au lycée un jeune parent. Nous fûmes surpris : les élèves portaient encore la cocarde tricolore. Quelques heures plus tard, la nouvelle arrive que tout est bouleversé en France ! Louis XVIII monte sur le trône. Vite, on remplace les trois couleurs par la cocarde blanche ; un papier blanc coupé en rond est attaché à la casquette : vive Louis XVIII ! Les dernières nouvelles du soir viennent nous apprendre que la ville de Maestricht et toute la Belgique seront réunies à la Hollande et ne formeront qu'un seul pays, le Royaume des Pays-Bas. Pour la troisième fois en un jour, on changeait de couleurs et de gouvernement. La cocarde blanche est déchirée et remplacée par les couleurs de la Hollande. — Soyons unis ! Vive Guillaume ! Vive la paix ! — Et ainsi va le monde.

CHAPITRE XXIV.

1816.

Les dernières pages d'un mémoire-journal de la famille Mathot. — Lettre du curé Rigo.

Notre éditeur réclame la famille Mathot ; il prétend, avec raison, que l'on s'arrête beaucoup trop en chemin. Finissez par une intrigue embrouillée, nous dit-il, deux mariages et trois morts violentes ; vous devez faire rire ou faire pleurer pour avoir des lecteurs. C'est l'épée de Damoclès qu'il suspend sur ma tête, ce diable d'homme. J'ai beau me frapper le front et me gratter le bout du nez, je ne trouve rien.

Je suis en face d'un vieux mémorial de famille, finissant en 1816 ; voici les dernières pages du registre. Finissons tout bonnement comme il finit :

D'abord, nous continuons à remarquer le parfait accord de Louis Mathot avec sa femme, sa laborieuse Bebette. Leurs affaires vont bien ; ils n'ont pas eu la vie trop agitée : Louis chasse de bonne race, il est honnête homme. Nous avons suivi, année par année, ce bon ménage ; la lune rousse ne s'est pas encore levée. Si un jour, nous trouvons la suite de son manuscrit de famille (il existe), nous nous ferons un vrai plaisir de vous en faire part.

Voici les dernières pages de ce journal du foyer :

1816. Janvier, 4. — Le gendre à Del Houbette vient de mourir d'indigestion, après avoir trop dîné une seconde fois le même jour.

Mars, 4. — Je suis allé à l'enterrement du dernier fils de mon ami Del Houbette ; il est mort brûlé par les liqueurs alcooliques, à l'âge de 31 ans. Que Dieu lui pardonne tout le mal qu'il a causé à ses parents !

Juin, 15. — La malheureuse mère n'a pu survivre à ses peines. Mme Del Houbette est morte brisée par le chagrin. Son vieux mari vient de vendre la maison de commerce ; ses amis espèrent qu'il pourra vivre avec la petite rente qui lui reste.

Juillet, 3. — Un soldat de retour dans ses foyers prétend avoir vu Martin en Sibérie ; on le croyait mort. Si Martin pouvait revenir consoler son père et sa jeune sœur ? — Nous verrons.

Juillet, 6. — Mon frère aîné continue l'exploitation de la ferme. Il vient d'acheter 7 bonniers de terrain à fl. 1,200-00 le bonnier. Dieu veuille qu'il en jouisse et qu'il en profite longtemps !

Du 15. — Depuis que la guerre est terminée, il nous rentre tous les jours des hommes pour cultiver la terre — et des maris pour les jeunes filles. — Tant mieux !

Du 20. — Je vais commencer un livre pour noter les écoles, les progrès, etc., de mes enfants.
— (Signé) : Louis Mathot.

Du 24. — Voilà un mois que mon vieux camarade occupe une petite maison à St-Gilles. Del Houbette se distrait, avec sa chère fille, à cultiver des fleurs ; les plus belles sont conservées et portées sur le monticule de terre qui recouvre les restes de leur compagne, la malheureuse mère.

Toujours ces beaux bouquets sont arrosés de larmes avant d'être déposés.

Leur brave fils Martin, qu'on avait cru tué à la bataille d'Eylau, est positivement en bonne santé ; la médaille de notre Dame de Chèvremont portant les noms de Martin Del Houbette et trouvée sur le cadavre d'un soldat de son régiment, avait été donnée à celui-ci par l'excellent Liégeois, la veille du combat.

Juillet, 30. — Martin est de retour ! il arrive chez moi désolé : il n'a plus retrouvé sa famille dans la maison paternelle. Depuis deux siècles, au moins, me dit-il, elle appartenait aux Del Houbette. — Où est mon frère ?

— Mort ! ai-je répondu.

— Et mon excellente mère, où est-elle ?

— Auprès de ses fils. Morte à la peine.

Le pauvre soldat pleure comme un enfant.

— Que ne suis-je resté sur le champ de bataille ! s'écrie-t-il ; ses sanglots redoublent quand il apprend que son père et sa mère l'ont cru perdu.

— Et mon père, où est-il ?

J'ai répondu qu'il avait fait une grave maladie ; qu'on ne pourrait lui annoncer le retour de son fils qu'avec de grands ménagements.

Martin assure avoir écrit plusieurs fois du fond de la Russie ; ses lettres ne sont pas parvenues.

Je le retiens à loger.

Août, 5. — Dans mes visites chez le vieux camarade, je raconte qu'il revient des soldats dont on avait annoncé la mort. Le malade répond toujours que son cher fils ne reviendra pas.

— On dit qu'il est en route, qu'il revient.

— Je n'en crois rien, a-t-il répondu en pleurant.

Août, 14. — Huit jours plus tard, le malade va mieux, il n'a plus de fièvre ; le médecin Vedrine autorise une entrevue : une douce émotion, dit-il, lui sera salutaire. Espérons-le.

Du 16. — Je préviens Del Houbette, vers onze heures, que tout ce qu'on a dit sur l'arrivée de Martin est vrai, bien vrai ; que son cher fils est en vie, et qu'il va venir pour l'embrasser et le consoler. De grosses larmes coulent sur ses joues rentrées. — Non ! répond-il.

— Ecoutez, mon vieux camarade, il monte l'escalier ; le voici, entendez-vous sa voix ?

A sa vue, le vieillard se lève en tremblant.

— Ah ! s'écrie-t-il, c'est lui ! c'est l'ombre de mon fils chéri : il vient me chercher !.... Partons, dit-il, de sa voix affaiblie ; viens mon fils, mon cher enfant, allons retrouver ta mère : sa tombe est nouvellement creusée !

Martin saisit le vieillard qui s'affaissait sur lui-même ; il tombe dans ses bras ; je cours l'aider, le soutenir... le pauvre père était mort.

Du 17. — Je renonce à dépeindre la douleur du soldat. Depuis le fatal moment, Martin et sa sœur sont pâles et froids comme le marbre. Ils ne peuvent pleurer. Ils ont l'œil fixe, vitreux, sans regard ; ils n'ont pas encore rompu le silence.

Du 18. — Je reviens de l'enterrement de mon vieil ami ; il n'y avait qu'une vingtaine de personnes. Beaucoup ont répondu : — Une messe à Saint-Gilles, à neuf heures ! Je n'y vais pas. D'abord il est ruiné, Del Houbette ; et il n'avait plus de famille, plus d'influence. Ces gens sont tombés à rien : les fils *ont tourné à canailles.* S'il était mort avant toutes ses peines et quand il gagnait de l'argent avec sa maison de commerce, je ne dis pas.

Un autre, tout bas, à son voisin : — Il y a bien longtemps qu'il ne pouvait plus être utile à personne. On l'enterrera bien sans moi. Serait-ce pour son fils Martin, le revenant de Russie, *li s'pére*, que j'irais ? non, non.

Pauvre homme, lui si bon, si obligeant, si charitable envers les pauvres honteux ! Que de tristes pages doit contenir son livre du foyer ! Malheureusement, sa femme a été trop bonne et trop faible envers ses fils. Elle aura contribué à amener les désordres dans la famille et dans la fortune. Malgré tout, ce vieux couple s'aimait ; les peines rapprochent les hommes autant que les plaisirs.

Du 24 août. *Réflexions.* — Je vois des enfants qui s'élèvent seuls et prennent le chemin des gens honorables ; j'en vois d'autres pour qui l'on ne néglige absolument rien et qui vont de travers. Rappelons-nous souvent les conseils de mon parrain Rigo. Jean-Louis, mon aîné, a fait sa première communion ; il va bientôt nous donner des inquiétudes. Dans quelques années, il choisira une route : sera-t-elle bonne? Pourvu qu'il nous prenne pour guide ; pourvu que sa mère ne le gâte pas ! Enfin, quelle sera sa destinée? Nous verrons, disait mon bon père dans son livre de la ferme.

Il est mort, lui, le cher homme, après avoir écrit sur son mémorial les lignes que voici :

« Mes enfants m'ont donné toute satisfac-
» tion, je n'ai rien à leur reprocher ; mes
» garçons sont tous de braves hommes, de
» bons pères de famille. Je leur donne ma
» bénédiction, et que Dieu soit loué. »

Si j'avais le bonheur de pouvoir inscrire la même chose avant de mourir !

Du 2 septembre 1816. — La ferme de Bierset prospère ; mon frère, le fermier vient de faire une bonne récolte. Mes affaires vont bien également ; je compense les pertes essuyées pendant la guerre.

Du 4. — Mon parrain Rigo me disait hier que le pays était dans de très-bonnes conditions de prospérité. On s'habitue aux Hollandais ;

eux-mêmes se font très-bien au caractère liégeois et au bon bourgogne de la maison Decamps à la Boverie. Les deux pays réunis forment un royaume des plus riches. Il n'y a plus autant de procès qu'au siècle dernier et l'on ne voit plus cette multitude de couvents ; il y en avait beaucoup trop. Tout le monde pourra travailler à se procurer du bien-être ; il n'y aura plus de fainéants que ceux qui voudront l'être. — Conservez, dit mon parrain, les bonnes mœurs de vos aïeux, l'esprit de famille ; avec cela, un sage gouvernement et un bon curé de paroisse, du courage et de la persévérance, vous acquerrez les plus grandes satisfactions qu'on puisse trouver sur cette terre.

Du 5. — Mon bon parrain attend que Bebette soit délivrée de son fardeau pour aller passer trois semaines à Bierset.

Du 7 septembre 1846. — Enfin, grâce à Dieu ! me voilà père d'une petite fille ! C'est trop de bonheur !

Demain dimanche, nous ferons un fameux baptême. J'ai encore assez de blanc sur la dernière page de ce *Mémoire* pour y inscrire les noms à donner à ma chère fille. Elle se nommera Elise, Elisa ou Elisabeth, comme sa mère. Nous verrons bientôt.

Une longue lettre écrite sur du gros papier de Hollande est attachée à la dernière page du manuscrit. La grosse épingle rouillée qui la retient est imprimée dans plusieurs doubles du dit registre. Elle est signée de Rigo, ancien curé de Saint-Adalbert, et adressée :

> *A Monsieur, Monsieur et honorable Louis Mathot; négociant en .... et membre dévoué de la Confrérie des maîtres prisonniers, rue ...... n° .... à Liége.*

Voici le contenu :

Bierset, le 14 septembre 1816.

Mon cher filleul,

J'espère que Madame Bebette se porte bien et qu'elle ne commet pas d'imprudence. Enfin, vous avez une petite fille ! J'en suis heureux pour vous et votre chère femme.

Malgré les changements et les nouveaux maîtres qui remplacent leurs parents décédés, je suis toujours reçu à la ferme avec la même bonté, qu'autrefois ; j'y suis choyé, pour mieux dire : on me réserve la même chambre et j'ai toujours du sucre candi avec mon café, comme au temps de votre excellente mère.

Pour moi, mon ami, qui me suis fait une famille dans la vôtre, quelle douce satisfaction j'éprouve en retrouvant à la ferme le culte des souvenirs ! Je revois la chambre où ma mère se couchait ; son Christ est toujours à la cheminée. Dans la vieille alcôve où sont morts vos aïeux, le vieux fusil du fermier et son couteau de chasse sont toujours suspendus aux mêmes crocs, à côté du même bénitier et de la même croix ; la branche de buis seule est renouvelée tous les ans, aux fêtes de Pâques. Dans la petite chambre sur le carré, on remarque encore la Vierge honorée par votre mère et votre grand'mère ; autour du Christ sont attachés les papiers mortuaires de plusieurs générations de parents : ces affiches, chargées d'ornements funèbres, rappellent tout un monde de personnes aimées.

Dans la grande pièce d'en bas, je reconnais la grande armoire ; à travers les carreaux, j'entrevois la tasse et le verre qui servaient à la fermière, jusqu'à sa *Waïme* (1) et d'autres petits objets conservés avec amour, les livres de prières, jusqu'aux livres d'école qui ont servi à deux générations. Les papiers écrits par le vieux fermier sont mieux gardés que des parchemins historiques. Je retrouve la pipe en terre du fer-

---

(1) Os troué, servant à maintenir le fer à tricoter. (Affiquet.)

mier, mon ancien ami ; le bout d'une plume d'oie entoure encore l'embouchure du tuyau. Si je rappelle ces petits riens au fils de ces braves gens, c'est pour augmenter chez lui et chez les siens le respect et l'amour de la famille.

Hier, après le souper, j'ai narré votre baptême en 1768, il y aura bientôt 48 ans, le 28 novembre. J'ai du plaisir à raconter mes souvenirs et les beaux jours passés à la ferme ; car moi, mon ami, n'étais-je pas de toutes les grandes circonstances, de toutes les fêtes, et n'ai-je pas pris ma part des peines comme des plaisirs ?

Je viens de réveiller de mon mieux, chez vos amis de Bierset, la franche gaîté et la bonne joie qui avait régné au baptême de votre première fille. — Madame Mathot est si forte, ai-je dit, qu'elle aurait pu assister à la fête si nous ne l'avions empêchée. Je n'ai omis aucun détail : que les petits frères se disputaient le plaisir de bercer la petite sœur ; que la maman faisait de beaux projets pour sa petite Lise ; qu'elle lui garderait sa croix en diamants, ses boucles d'oreilles briquet à marcassites, et après sa première communion, qu'elle lui ferait apprendre la guitare.... *qwand elle âret fait ses pâques !*

Cette enfant sera bien heureuse : ce sera un bon ange pour le ménage Mathot de Liége. Pour elle, on travaillera davantage ; on voudra lui gagner une belle dot. De leur côté, ses frères, je n'en doute pas, chercheront à augmenter par leur bonne conduite la considération qu'on accorde déjà depuis longtemps à leur père. Car, je n'ai cessé de vous le répéter, mon cher filleul, on est solidaire en famille : les fautes sont sans doute personnelles ; mais le monde en juge autrement.

Ne fallait-il pas aussi raconter tout le plaisir que nous avons éprouvé en fêtant la petite fille et toutes les bonnes choses qu'on avait chantées ?

La semaine prochaine, vos frères et vos sœurs iront embrasser votre chère femme et la petite Lise.

Comment ! j'allais oublier de vous décrire un petit tableau d'intérieur que j'ai contemplé en allant faire mes adieux à Bebette. C'est un rien, si vous voulez ; mais pour moi, c'est d'un bon présage.

Vos cinq garçons entouraient tranquillement la table dans la chambre de leur mère ; ils croustillaient les derniers *michots* aux anis, en débitant leurs projets d'avenir pour la petite sœur.

— Quand je serai grand, dit Jean-Louis, je donnerai de belles robes à ma sœur et je la conduirai promener partout où elle voudra.

— Moi, dit le second, je la conduirai à l'école

et je battrai les garçons qui voudraient la tourmenter, et elle aura la moitié de mon *dimanche* (1).

Le troisième dit à son tour ; — Moi, je lui donnerai tous mes joujoux !

— Et moi, continua le quatrième, en balbutiant, je partagerai tous mes bonbons avec la petite sœur.

Pendant ce bavardage touchant, le plus jeune, qui ne parle pas encore, se traînait sur son petit derrière jusqu'au berceau ; là, il se cramponna pour se lever, puis il barbouilla la figure de la petite Lise avec une croûte de gâteau qu'il tenait à la main.

J'ai quitté vos enfants heureux, cher ami ; je crois pouvoir vous prédire qu'à leur tour, ils chanteront dans leur ménage ce que nous avons chanté à vos noces, au baptême de vos enfants ; enfin, dans toutes les réunions de parents et d'amis, et ce que je vais chanter aujourd'hui et demain à la ferme de Bierset. Et tant que j'aurai un souffle de vie, j'espère pouvoir répéter chez mes amis Mathot, sur l'air de notre compatriote Grétry :

Où peut-on être mieux qu'au sein de sa famille ?

(¹) Les quelques liards ou les sous qu'on donnait le dimanche aux enfants.

TABLE DES MATIERES.

Dédicace . . . . Page V
Avant-propos. . . . . » VII

CHAPITRE PREMIER.

1768. — Un baptême à la ferme Mathot, à Bierset. —
Lettres de l'abbé Rigo. — Fables, etc. . . . » 1

CHAPITRE II.

1788. — Voyage du fermier Mathot à Liége. — Un
baptême à St-Séverin. — Installation d'un curé à
St-Adalbert. — Mariage de La Marck, etc. . . » 47

CHAPITRE III.

1789 à 1804. — Lettres et vieux papiers . . . . » 85

CHAPITRE IV.

1789 à 1805. — Petits détails sur la révolution. —
Baptême. — Fêtes à Liége, etc. — Remède. —
La citoyenne Sprimont . . . . » 90

CHAPITRE V.

1803 à 1804. — Un bon cabaret. — Les amours de
Louis Mathot. — Melle Babet . . . . . » 110

CHAPITRE VI.

1804. — Mariage de Louis et de Babet. — Les noces
et la suite. — Départ pour la ferme de Bierset. » 124

CHAPITRE VII.

1805. — Une visite chez M. et Mme Louis Mathot. — Leur habitation. — Les désirs de Madame. . . Page 140

CHAPITRE VIII.

1805. — Naissance et baptême du petit Jean-Louis. — Les poissons d'avril. — La voisine Delderenne, etc. . . . . » 145

CHAPITRE IX.

1806 à 1809. — Nos vieux éclairages. — Le curé Rigo. — Une visite . . . . » 151

CHAPITRE X.

1806. — Les repas. — La *pâquette* Joséphine. — Le père Debrooz. — La vie simple, etc. . . . . » 156

CHAPITRE XI.

1807. — L'exécution de Lancelin. — La confrérie des prisonniers. etc. . . . . » 165

CHAPITRE XII.

1807. — Départ pour Bierset. — Le jubilé des vieux Mathot . . . . » 172

CHAPITRE XIII.

1808. — Les amis Del Houbette. — Les fils. — Les chagrins de la famille. — La mère Siquet, etc. » 187

CHAPITRE XIV.

1809. — Conseils du curé Rigo à Mme Bebette. — La tirelire. — La famille Freudcour. — Les filles du prélocuteur et leurs mariages . . . . . . » 197

CHAPITRE XV.

1810. — Les fêtes de paroisses. — Le mémorial de la jeune famille. — Le dîner. — Les farandoles. — Les bals champêtres. — Bertine. — Les vieilles chansons de danse. . . . . Page 208

CHAPITRE XVI.

1810. — Les portraits. — Le livre de la famille X. — Les anciennes processions . . . . » 227

CHAPITRE XVII.

1810. — Le jeudi de la fête. — Les jeux au faubourg. — Un mariage. — Un repas chez Perrot à Coronmeuse. . . . . » 242

CHAPITRE XVIII.

1810. — Une page d'un mémorial de famille. — Un frac et un parapluie. — Le médecin Q. Y. . . » 256

CHAPITRE XIX.

1810. — Autres pages d'un mémorial. — Notre servante Marguerite . . . . » 263

CHAPITRE XX.

1811. — Les fraudeurs. — Christine et Zidore. — Decamps et le maçon . . . . » 269

CHAPITRE XXI.

1811. — Première éducation de Jean-Louis. — Une fable. — Les conseils de Rigo à Mme Mathot. . » 286

CHAPITRE XXII.

1813. — Une visite à monsieur Bonlignage. — L'année de la comète. — Un voyage de noces. — Les petites économies . . . . » 298

CHAPITRE XXIII.

1814. — Passage des alliés. — Les Mathot dans une cave. — Visite chez Rigo. — Le Saxon. — La traversée de la Meuse par Corombelle. — Les salles d'armes. — Le bourreau des crânes. — Delsemme. — Mére-ji-vole . . . . Page 305

CHAPITRE XXIV.

1816. — Les dernières pages d'un mémoire-journal de la famille Mathot. — Lettre du curé Rigo. 335

www.ingramcontent.com/pod-product-compliance
Lightning Source LLC
Chambersburg PA
CBHW050737170426
43202CB00013B/2278